JN075091

生徒とはじめる高校探究

Period for Inquiry-Based Cross-Disciplinary Study

Kazutoshi Asami

浅見和寿

はじめに

探究とは何なのか

昨今教育現場で話題になる「探究」ですが、教育の現場においてどのような位置づけになっているのでしょうか。また、「探求」との違いはあるのでしょうか。学習指導要領では、「総合的な学習」から「総合的な探究」という名称に変わり、高校現場においても「名称が変わることで何がどのように変わったのか」と、頭を抱えています。ここで一度、辞書的な意味を確認してみましょう。


「探究」

深くさぐりきわめること。事理をたずねきわめること。研究。

「探求」

さぐり求めること。さがし回ること。


（日本国語大辞典）

「探究」と「探求」は似て非なる意味をもつことがわかります。私たちが生徒とともに「探究」をするということは、**物事をさぐり求めるだけではなく、深くさぐりきわめなければならないということ**です。

では、どうして高校生のうちに「探究」をしなければならないのでしょうか。次の項目を読んでいただいた後に説明します。

探究とは何なのか（バージョン2）

「探究」とは、深い理解や知識を求めて積極的に問いを立て、調査や研究を行うことを指します。これは単に情報を収集するだけでなく、その情報を分析し、新たな見解や解決策を生み出す過程を含みます。探究は学問的な研究だけでなく、日常生活の中でも重要です。例えば、新しい技術を学ぶ、社会的な問題に取り組む、あるいは個人的な興味や趣味を深める場合などがあります。

探究の過程には、問題の特定、仮説の立て方、データ収集、分析、結果の解釈といったステップが含まれます。これらのステップは、目的や状況に応じて変化することがあります。探究は自己主導的な学びであるため、個人の好奇心や熱意が重要な役割を果たします。また、多様な視点やアプローチを取り入れることで、より深い理解や革新的なアイデアを生み出すことができます。

探究は、批判的思考、問題解決、創造性などのスキルを養う上で効果的です。これらのスキルは、学術的な成功だけでなく、職業生活や日常生活においても非常に価値があります。探究学習は、学ぶ人が主体的に学び、自分の学習をコントロールすることを促進します。これにより、学習者はより活動的で、関与することが可能になり、結果として学習効果が高まります。

生成AIの台頭

はい。なぜ2回も同じような説明があるのかと首をかしげた方もいるかもしれませんね。実は、一つめの「探究とか何なのか」については私が作成しましたが、「探究とは何なのか（バージョン2）」は、生成ＡＩに作成してもらいました。

どうですか？　特に私の方で修正したところはありません。日本語の文章として正しく意味もとれます。つまり、何をお伝えしたいかというと、「**すでに誰かが考えたり、一般的に流布しているものは、ＡＩで代替される**」ということです。恐らく、「探究とは何なのか」について、これまでにさまざまな方が論じてきたと思います。その文章を生成ＡＩはものの数分で再構成し、作文してくれるのです。

そう考えると、私が本書を執筆せずとも、テーマや構成だけ指示して全てＡＩに任せればよいのではないか……？　という気さえしてきます。

そうです。ここが「探究」を論じる際の本質だと私は考えます。

生成ＡＩは現在まだ指示待ち

前項で「ＡＩに指示して執筆してもらえばよい」と書きました。しかし、万能と思える生成ＡＩですが、**現段階では誰かの「指示」がなければ働いてくれない**のです。つまりＡＩは「問い」を自ら考え出すことができません。「**問いを考え出す**」**これが、人間にしか**

できないことであり、「探究」を学ぶ意味になることでしょう。

すでにＡＩは、作詞・作曲、動画作成、あるいは「〇〇っぽく作って」なんていう注文にも対応できてきています。すると我々人間は、より人間らしさを鍛え、「自分とは何なのか」を深く知り、自らが学びたいと思うものについて、正確に深く掘り下げ研究をしていく必要が出てくるでしょう。

「探究」は、「深くさぐりきわめる」ことと国語辞典にありました。きわめたものは、世間一般に広がり汎用しているものばかりではないはずです。「答えのない問いについて考えていく」ことこそが、「探究」の面白さであり、学ぶ意味でもあり、我々人間がやるべきことなのです。ちょっと大きく言い過ぎましたかね（笑）。

では、探究について一緒に学んでいきましょう。

目次

STEP 1
まずは教師が、探究を知る

STEP 2
基本的な探究の進め方とポイント

STEP 3
探究を広げ、深める実践例

装丁　亀井研二
装画　小幡彩貴
本文イラスト　松永えりか

STEP 1

まずは教師が、探究を知る

まず何からすればいいの?

「総合的な探究の時間」が導入されました。
現場では、「何から手をつけたらいいのか？」、「LHRみたいな感じ？」等、空から急に降ってきた「探究」に対して戸惑いの声があふれています。

でも、安心してください。
そのような想いを感じている先生方向けにこの本は生まれました。

STEP1は、「教師が実際に探究してみる」というコンセプトで書かれているので、探究がどういうものなのかを、あなた自身、または同僚の先生と一緒に理解し、自信をつけていってください。

本書を「読む」ことから「実践」を始めて、
一緒に探究を探究していきましょう！

01

まずは「スクールポリシー」を確認する

スクールポリシーって何？

スクールポリシーとは、各学校が示す教育の指針であり、「**この学校では、このような生徒を育てたいので、こういったカリキュラムにします**」というようなものです。どの学校にもあるはずなので、最初に必ずそれを確認してください。

なぜ「スクールポリシー」を確認する必要があるかというと、**自分が勤務している学校の特色や魅力、育てたい力が明確になっていないと、授業はもちろん、探究の時間ならなおさら方向性がブレてしまう**からです。「本校では、このような力を育成して、卒業させたい」というものがあるからこそ、それを軸として、探究活動を計画することができます。今後、高校では、「普通科」が解体され、各学校の特色や魅力を打ち出し、生徒と共に学んでいくような学校が増えてくると思います。

まずは、学校のスクールポリシーを押さえておきましょう。

スクールポリシーと探究の関係

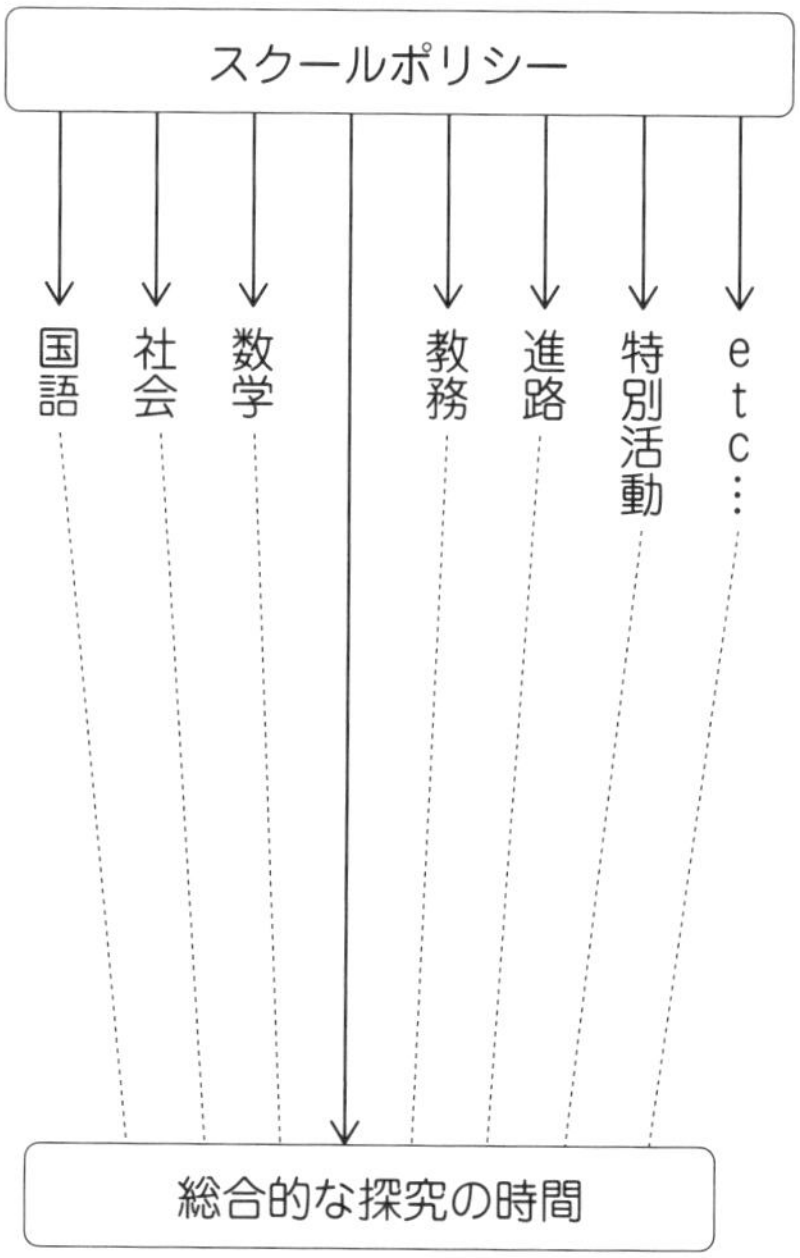

◎スクールポリシーから方向性を決めるが、教科や分掌、特別活動等と横断して連携することもできる。

前年度踏襲になりがちなわけ

前項で、スクールポリシーについてふれましたが、このスクールポリシーが全体で共有されていない学校も多いと思います。というのも、公立の学校であれば、教員の異動があるからです。新しく来られた先生方に、時間をとって「本校のスクールポリシーは…」とお話することは稀でしょう。またスクールポリシーを毎年毎年見直す学校もないので、なかなかスクールポリシーについて語る機会がないのです。

もう一つの理由は、やはり教員の多忙化です。本来ならば、スクールポリシーを確認して、教育課程を見直し、全ての教科の先生方とコンセンサスを取り考えていくことが理想でしょう。しかし、多くの学校はここに時間が避けていない現状です。通常の業務を行いながら、学校全体のことを考えていくのは至難の業です。この業務を行うためには、人を雇う、もしくは仕事の量を極端に減らす等の工夫が必要だと思います。

学校の前年度踏襲は、この時間のなさからきていることがほとんどなのです。

探究活動の時間の現状

そのような状況の中で、探究活動はどのように行われているでしょうか。学校によってさまざまではありますが、私が調べた限りでは、次の3パターンに分けられそうです。

1 「総合的な学習の時間」と同様に扱っている
2 進路行事や講演会の時間として使用している
3 学年毎にやることを決めて、同じことを毎年繰り返している

いずれも「生徒に探究する時間」を提供しているとは言い難いです。**生徒が課題を見つけて、その課題について解決策を模索するためには、しっかりと時間を確保し、何をするか内容を精査する必要があります。**もちろん、「総合的な探究の時間」の教員免許なんてものは存在しないので、どなたかが、中心となってやるしかありません。本書は、こういった流れの中で初めて探究の担当になった先生向けに書かれた本です。

02

探究活動の経験者や仲間を見つける

周りの経験者を探す

高校での「総合的な探究の時間」は、文科省が改訂した学習指導要領の中で、**他の教科・科目より先に実施されました**。そのため、現在では、探究の授業を経験している先生も増えてきたと思います。まずは、周りに探究を経験している先生がいないか探してみましょう。というのも、**私たち教員は「総合的な探究の時間」を、自分が高校生の時には経験していない**からです。自分が生徒だった時の経験値は使えないので「探究って何をしたらよいのだろう」という漠然な不安があるとは思います。しかし、必ず周りに一人は経験者がいるはずなので、こちらから声をかけてみましょう。

また、高校の教員の中には、大学卒業後大学院に進み、修士・博士課程で研究をしてきた方も存在します。探究は研究の要素も非常に強いので、もしそういった先生方がいらっしゃったら、力を貸してもらうことをお勧めします。研究のやり方、進め方について助言をもらいつつ、**一緒に探究活動をする仲間**として動いていきましょう。

三人集まれば文殊の知恵

探究の内容を一人で考えるのはとても大変です。たくさんの業務もある中で、専門外のことに取り組まなくてはならないからです。

前任校でも、一人でプロジェクトを進めていたときは、思うように進みませんでしたが、それが一人、二人……と人数が増えたことでより良いアイデアが生まれ、スピードも加速しました。その後、そのグループは大きくなったのですが、今度は人数が多くなったことで、コンセンサスが取りにくくなったり、動きが遅くなったりしました。こうなってしまうと、本末転倒です。このような経験から、何か新しいことをはじめる時には、少人数グループで進めると良いと感じています（私の経験だと、**三人がベスト**だと思います）。

三人いると、準備もしやすくなります。本校では、場所の確保から、教材の選定、プロジェクターの準備などを分担して行っていますが、学校全体で実施するとなるとやはりそれなりに人数が必要になってきます。

分掌、委員会で動くときの注意点

先に挙げた業務を分掌、委員会の仕事として行うこともあるでしょう。一般的に、分掌は委員会よりも大きい組織となり、権限も強い場合が多いと思います。

ここで注意したいのは、その権限の濫用です。学校全体を動かす際には、どうしても賛成意見、反対意見どちらも出てきます。その時に、**反対意見を押しのけて進めてしまうことがないようにしましょう。**しっかり議論の場を準備して、**スクールポリシーと相違がなく、生徒が成長できるような根拠をしっかり持った上で職員会議等に諮る**のが良いと思います。特に、探究の実践をしっかりしてきた先生や、探究の時間が担任裁量だった学校の先生方からは厳しいご意見もあるかと思います。真摯に受け止めて、その方々も含めて、チームとして動けるようになると、非常によいです。

03

「総合的な探究の時間」がどのように進められているかを確認する

学年ごとに取り組んでいるのか取り組まない学年もあるのか

あなたが勤務している学校では、**どのような形で「総合的な探究の時間」に取り組んでいるでしょうか**。まず、それを確認しましょう。学校によっては、分掌の一つとして位置付けられているところもあれば、委員会レベルで組織されているところもあると思います。もしかしたら、担任裁量という学校もあるかもしれません。

また、教育課程のどの部分に組み込まれているでしょうか。ある学校ではどの学年にも1時間組み込まれていたり、1年生は1時間、2年生は2時間と組まれている学校もあります。中には、2時間連続で時間割が組まれている学校もあると聞きます。そのほうが、探究を効果的に実施できると判断してのことでしょう。このように、どの組織が、どのような時間設定で進めているのかを知っておくことが非常に重要なのです。

教員が考えた教材を使用するべきか

学校によっては、教員が考えた課題に対して、生徒がそれに取り組んでいくという学校もあると思います。そのような学校の先生方から受ける相談で一番多いものは、

「何か探究のネタはないですか？」というものです。

学校の生徒のことは、その学校の先生方が一番よく理解している。だから、教員が教材を作成したほうがよいという意見があることは知っています。しかし、毎回毎回、教員がテーマを考えて生徒に探究させるのは大変です。特に、学年ごとに異なる内容で実施していたら、何種類も作成しなくてはなりません。普段の業務でさえ忙しいのに、専門ではない科目の授業案を作成するのは、負担が大きいです。

いったいどうしたらよいのでしょうか。

企業が作成した探究教材の活用

現在、先生方のニーズを察してか、「総合的な探究」に関する本や教材が増えてきてい

学校ごとに異なる教育課程上の位置づけ

A高校

1 年生	他の教科・科目	探究 1 時間
2 年生	他の教科・科目	探究 1 時間
3 年生	他の教科・科目	探究 1 時間

B高校

1 年生	他の教科・科目	探究 2 時間
2 年生	他の教科・科目	探究 1 時間
3 年生	他の教科・科目	╳

C高校

1 年生	他の教科・科目	探究 1 時間
2 年生	他の教科・科目	探究 2 時間
3 年生	他の教科・科目	╳

ます（この本もその一つですが）。各企業がさまざまな工夫を凝らして、探究に必要な教材を作成してくれています。各学校で状況が異なるため、その教材がまるまる当てはまるとは限りません。しかしながら、**0から1を生み出す作業は非常に大変です**。企業が提供している教材も、教材の全ては生徒のニーズに当てはまらないとしても、いくつかは合うものが見つかったり、カスタマイズしたりすることで活用できます。

本書のＳＴＥＰ３では、企業の教材を紹介し、実際に活用した実践例も紹介していきたいと思います。

04
図書館を利用し司書の協力を仰ぐ

学校司書は情報収集のエキスパート

皆さんの学校に、学校司書の方はいらっしゃいますか。**もし、校内に司書さんがいらっしゃったら、非常に幸運**です。現在、学校司書が全ての学校に配置されているわけではないからです。

学校司書は、探究をする上でぜひ協力していただきたい**キーパーソンの一人**です。というのは、司書さんは、どの本にどのようなことが書いてあるのかを知っています。例えば、探究活動をしていく過程で「このことが知りたいのに、どこから情報を探せばよいかわからない」といった際に、すぐに対応してくれます。学校司書のレファレンス（目的に合った資料を探すこと）はとても素晴らしいので、まずは一度、司書の方とお話をすることをお勧めします。

実は学校司書の中には、先生方と一緒に授業を作りたいという方が少なからずいらっしゃいます。私は司書の方が多く集まる研究会に参加することがあるのですが、そこでは、「教員の方と一緒に図書館の活用をしていきたい」という話がよく出ています。ぜひ、教員側から声をかけてみましょう。

授業場所を図書館にしてみる

皆さんの学校の図書館は、どのような環境になっているでしょうか。学校によって状況はさまざまですが、パソコンが置いてあったり、Wi-Fiが接続できる状態になっていたり、コミュニケーションがとれる環境もできているかもしれません。一昔前は、話をすることや飲食をすることは厳禁でしたが、今では、場所を区切って話をすることができる場があったり、蓋つきの飲み物なら持ち込みOKになったりしています。私が最近びっくりしたのは、図書館内に電話ボックスのようなものがあり、そこでならスマホで通話も可能というものでした。また、**教室とは異なり、調べ物をしたり、グループワークをしたりしやすい環境は、生徒のモチベーションアップにもつながります。**私は、かなりの頻度で探究の時間に図書館を活用しています。

図書館が発見の場になる

前項では、図書館での授業の話をさせていただきましたが、実は、メリットはそれだけではありません。**図書館で授業をすると、否が応でも本が目に入ります。**不思議と本に興味のなかった生徒が、本を読み出すのです。これは不思議なのですが、本が嫌いというよりは、本を指定されるなど強制されたり、本までのアクセスが面倒だったりすると、本を嫌がる傾向があるようです。自分の興味あるタイトルの本が見つかると、手にとって借りていくことも多々あります。

この傾向を利用して、本校では**探究をできるだけ図書館で行っています。**生徒から「こんな本があるんだ」「今日この本借りてもよいですか」なんて声も聞こえてきます。その時に自分の興味があることを発見することができることを考えると、非常に探究と相性が良いことがわかります。

探究の内容によっては、**事前に司書さんとコンタクトをとって、その授業に沿った図書資料を展示して置いてもらっています。**すると、よりその授業を深く理解することができ、生徒の興味関心を引き出します。

05

「探究」を「体験」してみる

教師向けワーク

「探究」を経験したことがないからこそやってみる

「自分が経験したことがないからよくわからない」というような声が度々聞こえてきます。しかし、現職の先生は、誰もが高校生の時には学んできていません。また、大学を卒業してすぐ教員になった方であっても、大学の授業でしっかり学んできたという教員は稀でしょう。

だからこそ、**教員側も一緒に探究してみてほしいのです**。そうしないと生徒から「私は探究の授業を今まで受けてきたことがないから、やり方もわからないし、やりたくありません」と言われた時に苦しくなってしまいます。**ＶＵＣＡの時代と言われて久しい昨今、我々教員も新しい物事に挑戦していくときな**のです。

とはいえ、本当にどう指導したらよいかわからないし、自分でも探究なんてできないよと思われる先生も多いと思います。

大丈夫です。一緒にワークをしながら考えていきましょう。

実は大人でも難しい課題の見つけ方

探究のはじめに言いがちなこととして、「何か課題を発見して、それに対しての解決策を考えよう」という投げかけがあります。もちろんその通りなのですが、そこで課題をすぐに発見できる生徒はどれくらいいるのでしょうか。**実は、この問は大人でも難しいこと**なのです。

もしかすると、日本という国がそれをより難しくさせているのかもしれません。日本はセーフティネットがしっかりしていて、治安もいいので、日常生活の中で生死に関わることは、ほとんどありません。「さあ課題を」と言われても、すぐに浮かびにくいのも当然と言えば当然です（日本の若者が政治に関心がないと言われているのも、この辺りのことが原因にある気がします）。

また、一般的な社会的な課題（例えば、少子高齢化など）を考えたとしても、**全く自分事になっていないので、興味がわかない**のです。いったいどうしたらよいのでしょうか。

課題の見つけ方

最近よく耳に入るようになってきた言葉に「**ウェルビーイング**」というものがあります。ご存知の方も多いと思いますが、「ウェルビーイング」は、「Well」と「Being」が組み合わさった言葉で、「**よく在る**」「**よく居る**」**というような状態、心と体が満たされた状態を表す概念**です。つまり、私たち自身がよい状態を保つということです。では、あなたはその状態を保つためには何が必要だと思いますか。心の充足でしょうか。それとも健康でしょうか？

そもそもその状態になるために必要なものがわからないという人も多いのではないでしょうか。**自分や社会「幸せな状態」がわからなければ、それを阻害している「課題」を見つけることもできない**のです。「自分自身があるべき姿や理想」があれば、その状況と現状を比較することができ、そのギャップを意識することで課題を発見できるのです。

次の項では、具体的な見つけ方を紹介します。

ウェルビーイングな状態と現状から課題を発見する

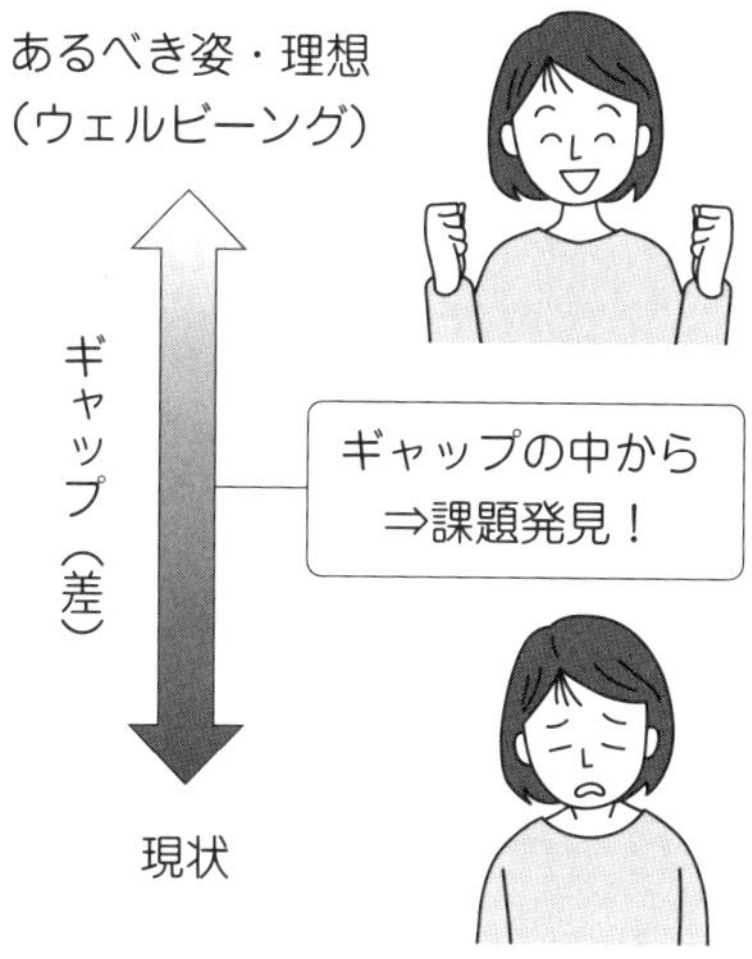

06

自身の経験の中で夢中になっていたものを思い出す

教師向けワーク

小学生の頃に夢中になっていたこと

あなたが小学生の頃に夢中になっていたことは何でしたか。

どうして過去に夢中になっていたことを聞いたかというと、子どもの頃にやっていたことが、実は自分が得意だったり本当にやりたいことだったりするからです。大人になるにつれて「自分は何に対して嬉しさや楽しさを感じるのか」がわからなくなってしまう人は少なくありません。そんな時こそ、過去を振り返ってみましょう。**子ども時代に自分が行っていたことが、実は本当に好きなことだった**ということはよくあります。

私の例でいうと、ミニ四駆がそれにあたります。新しいコースでミニ四駆を走らせる時、「このコースはカーブが多いからローラーを多くしよう」とか、「上り坂が多いから、このモーターを使おう」とか、答えのないことに対して試行錯誤しながらチャレンジすることが好きでした。

中学・高校生の頃に夢中になっていたこと

同じように、**中学・高校生時代に夢中になっていたことも思い出してみましょう**。中学・高校になると部活動が始まります。何の部活動を選択したのか、部活動をしていなかった方は週末に何をして過ごしていたかを思い出してみてください。また、授業ではどの教科が好きだったか、また得意な科目はなんだったか、**どうしてそれが好きだったのか**も同じように思い出してみてください。

私の場合は、小学生の時に三浦知良選手に憧れて、サッカーばかりやっていました。しかし、中学に上がると、サッカー部がなかったので、先輩に誘われてバスケットボール部に入部しました。最初はしぶしぶやっていましたが、徐々にバスケットの魅力にはまり、気がつけば、大人になった今でもバスケットをやっています。

また、好きな教科は国語でした。授業というよりは、授業で取り扱われる教材の魅力にはまっていたような気がします。当時、自分から進んで小説を読んだりする生徒ではありませんでしたが、教科書や試験問題で掲載されている文章を読むのが好きでした。

そんなこともあってか、私は今国語の教員をやりながらバスケットを教えています。

大学生の頃に夢中になっていたこと

多くの先生が、大学で教職課程をとり、教員になられていると思います。**大学では何を専攻し、どんな研究をしていましたか**。大学選びの際、おそらく自分の興味のある学部を選んだのではないでしょうか。あるいは大学の立地や校風で選んだという方もいるかもしれません。そうであっても、**それを自分の価値基準として認識できる**ので問題はありません。過去の自分と対話してみてください。

私は、当時文学部しか出願しませんでした。理由は国語が好きだったからです。ここは高校の好きと結びついていますね。文学部を卒業した後、就職はどうするんだ？　と言われたこともありますが、今は大学で学んだことを生かしながら、就職できています。

このように考えていくと、**これまでの人生を振り返ることで、自分自身の発見に繋がっていきます**。学校の中だけではなく、習い事等も思い出すとより効果的です。習字やスイミング、バレエやボーイスカウト等、さまざまな活動があると思います。その中で、あなた自身が何を選択し、何に楽しさや幸せを感じてきたのか。もう一度考えてみてください。**自分を探究することが探究の一歩目**です。

【ワーク】過去の自分が夢中になっていたことを書き出しましょう。

小学生の頃　例：ミニ四駆、サッカー、TV ゲーム、習字…

・

・

・

・

中学・高校生の頃　例：作詞、バスケ、お祭り、スイミング…

・

・

・

・

大学生の頃　例：花火巡り、アルバイト（接客）、パソコン…

・

・

・

・

07

自己分析をやってみる

教師向けワーク

マインドマップで自己分析

自分のことが理解できていないと、興味のあることや、自身の課題を見つけることは難しいです。**自分とはどういう人間なのか、徹底的に自己分析してみましょう。**

自己分析の手法は、さまざまなところで紹介されていますが、私は**マインドマップが有効**だと思います。過去の自分がしてきたことや、住んでいた場所等を振り返り、単語と単語を繋げながら作成するマッピングの手法です。文章にする必要がなく、思いついたらその順番でどんどん関連のある語と繋いでいきます。この作業は一人でやってもよいのですが、**同僚の先生方と一緒に行うのが効果的**です。理由としては、他の先生方の自己分析結果を聞くことで、自分自身が考えもつかなかったことを認識することができるからです。また自身の分析結果を話すことで、他者からアドバイスをもらえることもあります。「**教員**

【ワーク】マインドマップを作ってみましょう。

〈作成例〉

①中心の円に自分の名前を入れます。

②過去の自分が夢中になって取り組んでいたことや習い事、好きだった教科・科目等を書き込んでいきます。

③小学生→中学生→高校生→大学生と思い出しながら書いていくとつながりがスムーズに見えてきます。

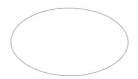

自身が自分自身を知ること」。これが探求の一歩と考えてもよいと思います。

周りの人に聞いてみる

自分がどういう人間かということに関しては、マインドマップ等を活用しながら、考えてみました。次のステップとしては、**周りの人に「自分がどういう人間か聞いてみる」**です。質問する相手は、普段から関わりのある人が良いです。例えば同居している家族や親族、同僚、もしくは生徒に聞いてみてもよいかもしれません。すると、自分自身では大したことはないと思っている能力が、実は評価されているということに気がついたりします。自分が大したことがないと思っていると、その能力を長所だと気づくことはありません。だからこそ、他者に見つけてもらう必要があるのです。これは、非常に効果的なので是非やってみてください。

特に**生徒に質問するのは良いと思います**。生徒は、教員のことを非常によく見ています。授業中、部活動中、学校行事の時、いろいろな場面を見て、生徒はその先生の人となりを把握しています。怖さもありますが、意外に的を射た意見をもらうことができます。

【ワーク】自分が無意識にやっていることを書き出してみましょう。

自分で思い出して書く

［家で］　例：動画や写真を整理したり、編集したりしている

・

・

［友人と一緒の時］　例：スマホで特定の人物を追っている

・

・

［通勤時］　例：SNS で○○なことをいつも発信している

・

・

周りの人に聞いて書く　例：いつもアニメの話をしている

・

・

・

無意識にやっていること、苦労せずにやっていること

人間誰しも無意識にやっていることがあります。あなたは、**無意識にやってしまっていることはありますか**。「無意識にやっているからわからない」という声が聞こえてきそうですね。無意識とはつまり、損得勘定ではなく、**頭で考える前に体が動いてしまっている**という状態です。例えば電車で通勤中、現在ではほとんどの人がスマホで何かをしています。音楽を聴いている、株価のチャートを見ている、動画を見ている、ソーシャルゲームをしている等々、やっていることは千差万別です。あなたは、そこで何をしていますか。そしてそれが苦ではないはずです。苦労して、音楽を聴いたり、ソーシャルゲームをしたりはしないはずなので。

また、周りの人から「すごい努力されていますね」と言われて、「そんなに努力してないんだけどな」と思うことはありませんか。**周りからみたら努力しているように見えても本人はそう思っていない**ということです。例えば、スポーツ選手が、そのスポーツをずっと続けて毎日トレーニングをしているのを見ると、すごいと思いますが、その選手からみたら、楽しいことであり好きなことでもあるので、当たり前になっている場合もあります。

08 学校内で課題を見つけてみる

教師向けワーク

学校の中にある課題を探す

ここまでは、あなた自身が自分を知るワークに取り組んできました。ここからは少し範囲を広げて学校内で考えてみましょう。

まずは、**学校内の課題を探してみましょう**。我々教員の勤務場所は学校になるわけですが、課題が全くないという学校はおそらくありません。例えば、ある先生だけが特に遅くまで仕事をしているとしましょう。それが恒常的であれば何か課題があるはずです。

また、誰の仕事でもないという仕事を、いつも若手が担っているという学校はないでしょうか。どの分掌にも当てはまらない仕事を誰がやるのかという問題は、さまざまな学校で論争が起きているのではないかと思います（そもそもその仕事が本当に必要なのか？　ということも含めて考える必要はありますが）。

今取り上げたことはほんの一例ですので、まだまだたくさんあると思います。まずは先生自らが課題を探してみてください。

その課題を解決するために動いてみる

課題が見つかったら、それを解決するために動いてみましょう。学校での課題なので、学校内で解決するのがベストです。解決する方法は、課題によってさまざまですが、ここで重要なのは、「**その課題は他の人にとっても課題なのかどうか**」ということです。もしかしたらその課題は、他の方にとってみれば課題ではなかったり、別の課題と複合的に絡み合っているものだったりするかもしれません。そう考えると、その課題を自分だけに留めず、周りに話してみることが大切です。まずは、それを**近くの人に共有してみましょう。**そうすることで、それが本当に解決しなければならない課題なのか、それとも、特に解決する必要はないものなのか、より具体的にわかります。

ここで、「やっぱり課題である」と認識した場合は、実際に課題を解決する方法を探っていきます。その解決策も共有した段階でアドバイスをもらえたり、方向性が見えたりすることもあります。ですので、「**自分が今、この課題について考えている**」**という意思表**

【ワーク】校内の課題を探してみましょう。

○自分が不満に感じていることを書き出しましょう。

・

・

・

○同僚が不満に感じていることを書き出しましょう。

・

・

・

○生徒が不満に感じていることを書き出しましょう。

・

・

・

〈共通点〉 ※共通していることがあれば、それは重大な課題です。

示が非常に重要なのです。「こんなこと誰も課題に思っていないかな」と思わずに、是非勇気を出して発信してみましょう。

その課題を誰が解決できそうか

もちろん、その課題を自分だけで解決できるのであれば、話は簡単です。しかし、ほとんどの場合、それは無理でしょう。なぜなら今考えているのは、学校内での課題だからです。学校内での課題である以上は、学校運営と関わってきますし、その学校で働いている人たちにも関わって来る可能性が高いからです。では、このような場合、誰がこの課題に対して解決することができそうでしょうか。

どなたでもすぐに思いつくのは、校長です。校長は学校の責任者であり、最終決裁者なのだからと考えるからでしょう。しかしながら、校長も学校のことを隅ずみまでわかっているわけではありません。ですので、**実際にそこを担当している先生や、よく利用している生徒など、関係のありそうな教員や生徒に声をかけつつ、その課題について考えていく**のです。もしかしたら、校長に掛け合うまでもなく解決してしまうかもしれません。

09

地域の課題を見つけてみる

教師向けワーク

自分の地域、学校の地域で考えてみる

続いて**地域の課題を考えてみましょう**。「地域」には二つあります。一つは、あなたが住んでいる地域です。その地域では買い物をしたり、遊んだりすることも多いと思います。その中で何が課題になっているのかを考えてみるのです。もう一つは、学校がある地域です。あなたにとっては職場がある地域であり、生徒にとっては学校生活を営む地域となります。ここでは、教員目線でその地域の課題を発見してもよいと思いますし、通勤する中で感じたことなどを中心に考えてみてもよいかもしれません。

どちらにせよ「**自分が困っている**」、「**こうすればもっとよいのに**」**と思ったところからはじめる**のがよいです。なぜなら、誰かの課題や、一般的な課題を中心にして考えてしまうと、自分事にならない場合が多いからです。ではいったい、どのよう

に探せばよいのでしょうか。

地域の課題はどこで探すのか

地域の課題には、どのようなものがありそうでしょうか。自身の通勤路を注意してみると、道路が舗装されていない所があったり、ゴミのポイ捨てによって不法投棄されたものがたまっている場所があったり、商店街がシャッター通りになっていたり、というように、その町それぞれに特徴のある課題が見つかると思います。

一方で、地域の課題をなかなか見つけることができない場合もあると思います。その場合は、役所に連絡してみましょう。**「課題が集まっていそうな場所に連絡をしてみる」**というのが糸口になります。

先に挙げた課題を実際に役所に伝え、どのように考えているのか、またその解決策はでているのか聞いてみてもよいですね。学校の地域で考えていくのであれば、「**○○高校の総合的な探究の時間で、地域の問題解決をしたいんです**」と伝えることで、役所の方も安心して教えてくれると思います。その一本の電話から、「△△市役所×○○高校の地域起こしプロジェクト」のようなものが生まれてくることもあるのです。

【ワーク】地域の課題を探してみましょう。

○通勤途中で地域で気になることを挙げてみましょう。

・

・

・

○生徒や同僚に、地域の気になるところを聞いてみましょう。

・

・

・

○役所に連絡して、地域の課題について聞いてみましょう。

・

・

・

◎学校と地域が共通して課題になりそうな部分はどこでしょうか。

先進校の事例を探る

現在では、本当にたくさんの学校が地域の課題解決を行っています。町の特産品を動画でPRする学校、学校の近くのコンビニとコラボして商品開発をする学校等、本当にさまざまです。まずは、**いろいろな学校の取組を見てみることをお勧めします。**

このような先進事例は学校に送られてくる教育情報誌や、インターネットで検索をするとすぐに見つかります。教育情報誌でいえばベネッセの『VIEW next』や、リクルート進学総研の『Career Guidance』等が挙げられます。実際に、私も先進校視察に行く際には、このような情報誌の内容を見て、管理職を通じて学校にアポを取り、その学校の授業の様子を見せていただきました。**他校への視察は非常に勉強になりますし、他県だと学校のカラーも大きく異なるので新たな発見につながります。**

もちろん、県内の学校で先進的な取組をしている学校があれば、その学校にお邪魔してみるのもよいと思います。県内の学校であれば、管理職が情報をもっている場合も多いですし、県のホームページ等で紹介している場合もあります。まずは、身近なところで探してみるのはいかがでしょうか。

10

日本や世界の課題について考えよう

教師向けワーク

グローバルな目線で考えてみる

今まで、自分自身について知るワークや、学校、地域の課題発見に取り組んできました。ここでは、もっと範囲を広くして、**あなた自身が住んでいる国や世界全体について考えていきましょう。**

まずは日本がどういった課題を抱えているのか考えてみます。すぐに挙がるのは「少子化」「高齢化」「ブラック労働」「ジェンダー」等の問題でしょうか。あなたが直面している課題だったり、関係している課題であれば、その課題に対して深く掘り下げていくのもよいと思います。

ここで重要なのは、「**日本の課題は、日本だけのものなのか？**」ということです。自分が住んでいる日本の課題には関心をもちやすいのですが、**その課題が世界的なものであれば、日本だけで考えるのではなく、世界全体で考えるべき**でしょう。

では世界の状況を知り、課題について考えるにはどのようにすればよいのでしょうか。

SDGsから考えてみる

SDGsとは、**持続可能な開発目標**（Sustainable Development Goals）のことで、2030年までに持続可能でよりよい世界を目指す国際目標です。現在では、かなり浸透し、「聞いたことがない」という人は少ないのではないでしょうか。ここには**17の目標が設定されていて、途上国・先進国等の区別なく、自国の課題に取り組んでいます**。

日本の取組の様子は、日本の目標別達成度（進捗度）という資料で確認することができます。この資料を見ると、現在の日本は、どのような課題に直面しているのかが明確になります。同様に、各国の状況も確認できるので、日本が直面している課題と似た課題をもっている国はどこなのか。またその領域を課題としていない国はどこなのかがわかります。**他国の取組状況を知ることで、解決策の糸口を発見することができる**かもしれません。

日本の課題や世界の課題を考えようとすると「自分一人がやっても……」と思うことも多いかと思います。しかし、誰か一人の訴えが、国や世界を変えることもあるのです。そこまで大きく考えなくてもよいですが、最初の一歩を踏み出すチャレンジをしましょう。

【ワーク】日本の課題について考えてみましょう。

①まずは、日本の「目標別達成度」を確認します。

（SDG TRNSFORMATION CENTER）

②次に、同じサイトで他国の「目標別達成度」を確認します。

③　①と②で進捗状況に違いがあります。それはなぜでしょうか？１つの項目を決めて、その違いと、日本がそれに取り組めているもしくは取り組めていないのはなぜか調べて書きましょう。

書店でトレンドを探る

最後に、**書店に行ってみることをお勧めします**。

ご存じのように、書店にはたくさんの本が並び、ジャンル別に陳列されています。もちろん好きなジャンルを見てもかまわないのですが、**普段自分が見ないコーナーにも足を運んでみてください**。すると、今どのようなことが話題になっていて、何がトレンドなのかということがわかってきます。

例えば、ビジネス書のコーナーに行ったら「生成ＡＩを活用した仕事術」のような本が並んでいたとします。一方、教育書が並んでいるコーナーに行くと「生成ＡＩが教育にもたらす影響」という本があったりします。つまり、ジャンルを超えて話題になっているものというのは、現在のトレンドと言えます。私は本屋が好きで、大きな書店に行った際には、最上階までエレベーターで行って、一階ずつ全てのジャンルの本を見て回るということをやっています。すると、先に挙げたような事例にも遭遇しますし、「**今この分野では、こんなことが話題になっているんだ**」ということがよくわかります。

書籍をネットで購入する方も多いですが、たまには書店巡りもいかがでしょうか。

STEP 2

基本的な探究の進め方とポイント

生徒とはじめる一歩目は？

STEP1を読んでみて、どのような感想を抱いていますでしょうか。

「意外とできるかも」と思ってくださっていれば、とても嬉しい限りです。

「まだまだ生徒に教えることは不安だ」

と思っている先生方もいらっしゃるかもしれません。でも、大丈夫です。

そもそも探究は、「先生が教える」というものではないからです。

STEP2では、「生徒とどのように探究を進めればよいか」について書かれています。

具体的には「課題の設定」「情報の収集」「整理・分析」「まとめ・表現」の順番に、項目ごとに必要な情報や、その手法等を紹介しています。

是非、生徒の伴走役となり、サポートしてあげてください。

今度は、生徒と共に探究していきましょう。

11

生徒に探究について説明する

探究をどう説明するか

ここからは具体的に生徒にどう探究を説明していくかについて考えていきます。総合的な探究の時間という授業が始まり、数年が経過しましたが、生徒は何をする時間なのかはっきりわからないという場合もあると思います。ですので、「自分たちの好きなことや興味のあることなんでも探究していいぞ」とか「現代は先が見えない時代だ、自ら課題を見つけて解決することが大切だ」といきなり伝えたとしても、生徒はポカーンとするでしょう。**今まで生徒は探究なんてしてきたことはなかった**のですから。

多くの学校では、この部分から始めていますが、その前段階で、**「これは教育課程の中でどのような立ち位置の授業なのか」「年間を通じて誰がどのように進めていくのか」を生徒に伝えなければならない**のです。

教員も生徒も初めてという場合もあるので、初回の授業は優しく丁寧に進める必要があります。

総合的な探究の時間はLHRではない

教員も生徒も勘違いをしているところがあるかもしれませんが、**探究の時間とLHRは全くの別物**です。**一番大きな違いは、単位があるかないか**です。総合的な探究の時間は、卒業単位として認められるのです。

また、他教科と異なる点もたくさんあります。例えば、**総合的な探究の時間には、専門の教員がいるわけではありません**。総合的な探究の教員免許は存在せず、他教科で採用になった教員が行っているはずです。それ故に、内容はバラバラであるし、授業方法も多様となります。そして、生徒はその状況に慣れていません。もしかしたら、その状況に不安になってしまったり、その時間はサボれると思う生徒も出てくるかもしれません。まずは、**教員自身が探究と向き合い、生徒に対して真摯に説明していきましょう**。生徒も状況がわかり、慣れてくれば、特にハレーションも起こらずに進められると思います。まずは、教員自身、もしくは学校の体制をどっしりと落ち着かせることに専念してみてください。何をやるかよりもその「姿勢」を生徒は見ています。

年間の見通しを共有する

先ほど生徒に「自分たちの好きなことや興味のあることなんでも探究して良いぞ」と言ってもなかなかすぐに取り組むことはできないと書きました。それは、課題を見つけるということだけでなく、分析したり、整理したり、発表したりも同様です。

いきなり「これまでのことを〇〇字でまとめて、今日の授業の最後に発表して」と言ったところでできる生徒は少ないでしょう。だからこそ、年度はじめに伝えておかなくてはいけません。

「探究の授業では、課題を発見したり、情報を共有したり、分析したり、発表したりすることがあり、大体こういう流れで、この時期には発表があるからね」等をしっかり伝えておきましょう。あらかじめ伝えておけば、その時期に向かってどれくらいの進度で進めればよいのか、何をどのように伝えようかという準備がわかってくるものです。**生徒と年間の見通しを共有しながら進めていくというのは、とても重要**なことです。

探究の進め方について「見通し」を共有する

（例）探究の進め方

1 年生（基礎）	2 年生（応用）	3 年生（発展）
4 つのステップを意識し、探究の基礎を学ぶ	課題に対して主体的に 4 つのサイクルを回し、自身の探究を進める	積極的に外部と連携し、自身の課題解決のために仮説を実証していく

課題の設定 →	情報の収集 →	整理・分析 →	まとめ・表現
4 月	6 月	10月	1 月
⋮	⋮	⋮	⋮
5 月	7 ～ 8 月	11月	2 月
⋮	⋮	⋮	⋮
⋮	9 月	12月	3 月
⋮	⋮	⋮	⋮

12

年間のスケジュールを共有する

どの順番で探究を進めるのか

年間計画を立て、生徒と共有する際に気をつけなければならないことがあります。それは、**4月から3月の一年間で探究するスケジュール**です。「スケジュールも何も、生徒が各々で課題を見つけて、それを解決すればよいのではないか」と思うかもしれません。確かに大きく考えればそうなのですが、そうすると4月5月に課題を見つけて、それ以降は課題解決のための時間となってしまいます。探究活動が得意な子は、自分自身で探究を進めることができるかもしれませんが、多くの生徒はそうではありません。**こちらである程度スケジュールを整えてあげる必要があります**。

それをしないと、課題が見つかった後、3月までその課題と睨めっこしたまま過ごし、最終的にインターネットで調べたことを発表するという単なる調べ学習になってしまうでしょう。

探究の4ステップ

探究に関する書籍にはほとんど書いてありますが、**探究学習の基本的な進め方は、①課題の設定、②情報の収集、③整理・分析、④まとめ・表現の4つのステップ**となります。どうしてこの順で書かれているかというと、文部科学省がそう言っているからです。つまり、学習指導要領の中にそのように書かれているので、それに従って探究を進めましょうということなのです。この4つのステップをしっかり意識しないと、「**探究をはじめてみたけどうまくいかなかった**」「**探究は達成感がないからつまらない**」**となってしまう**のです。そうすると、探究の時間はおしゃべりの時間、好き勝手にインターネットで遊ぶ時間になってしまうでしょう。

ではこの4つのステップをどのような形で進めていけばよいのか、それぞれ順を追って考えていくことにします。ここは非常に重要な部分になりますので、項目ごとに分けて説明します。

それでは課題の設定…の前に

まずは、①課題の設定をします。順番通りここからスタートでもちろん構わないのですが、その前に立ち止まって考えてみてください。**生徒が見つけ出す課題は一つでしょうか。**前章で先生自身に体験していただきましたが、おそらく複数出てきたのではないでしょうか。生徒も同じなのです。複数の探究したいテーマがあり、そこからどの課題に取り組むか選ぶ―という流れになるはずです。最初に「課題の設定！」と始めてしまうと、途中で「もっといい課題が見つかった」「最初にもっと考えてからスタートすればよかった」となってしまいます。まずは、徹底的に課題を生徒に挙げてもらいましょう。絞るのはその後からでも遅くはありません。

そしてもう一つ重要なのは、その**たくさん挙げた課題を生徒それぞれの中に留めておくのではなく、全体で共有すること**です。全体で共有することによって「自分では思いつかなかったけど、あの生徒の言っている課題、僕の課題そのものだ」「自分の課題と友達の課題を掛け合わせたら面白いものができそうだ」等に気がつくことができるのです。たくさんの課題をクラス全体で共有し、そこから絞っていくというのも面白いですね！

探究の4つのステップ

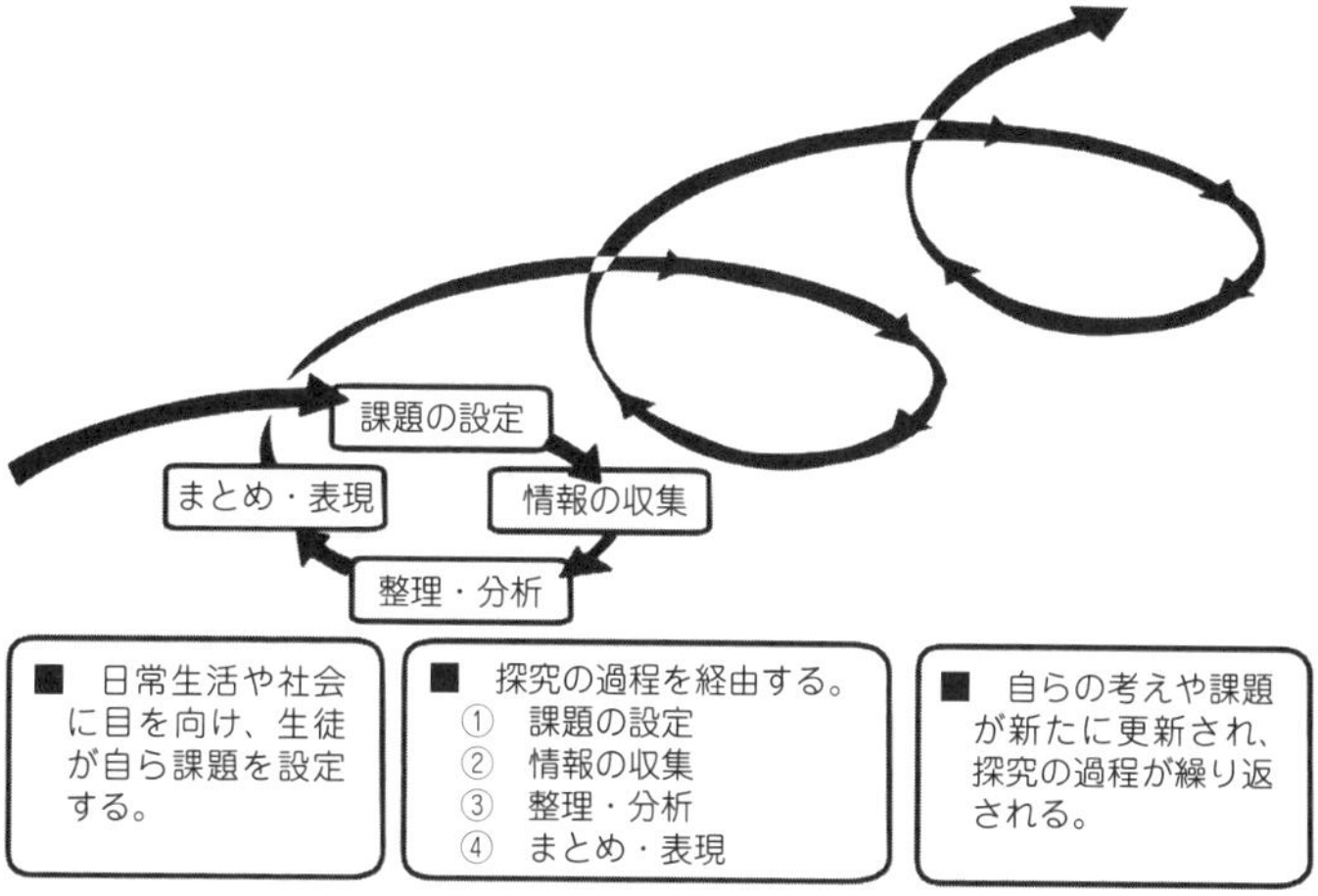
課題の設定
情報の収集
整理・分析
まとめ・表現
■ 日常生活や社会に目を向け、生徒が自ら課題を設定する。
■ 探究の過程を経由する。
① 課題の設定
② 情報の収集
③ 整理・分析
④ まとめ・表現
■ 自らの考えや課題が新たに更新され、探究の過程が繰り返される。

(高等学校学習指導要領（平成30年告示）解説「総合的な探究の時間編」より引用)

13

課題の設定

日々の生活の中にヒントが

最初にお伝えしましたが、生徒にいきなり課題を出せと言ったところで、すぐには出てこないでしょう。普段から「自分の課題は何か」「社会の課題は何か」なんて考えている生徒はいないからです。ということは、**まず生徒に課題について考える時間を与えることが大切**です。総合的な探究の時間について説明する時でもかまいません。その際に、「**課題を設定するから、身の回りにある課題について考えてくること**」「**好きな課題の見つけ方は、あなたが過去に夢中になった事柄の中にある**」など声をかけてあげるとよいでしょう。

最初から椅子に座って机に向かって始めないことも重要です。探究したい課題は、日々の生活の中にあることが多く、学校の机に向かって考えても出てこない場合が多いです。**課題を設定することを先に伝え、課題設定の締切日だけ決めておきましょう。**

課題の大きさに注意する

これは簡単にいうと「一年間の探究の課題としてふさわしいか」ということです。生徒は、とりあえず興味のある課題をポンポン挙げてくることでしょう。最初はそれでよいと思います。最初からハードルを上げてしまうと今度は考え過ぎて何も課題を挙げられなくなってしまいます。

生徒の考えてきた課題が十個以上になったら、一度見てあげましょう。そうすると、**一つの資料を調べただけで答えがすぐに出るような問題や、逆に規模が大きすぎて何から手をつけてよいかわからないような問題が見つかる**と思います。例えば、前者でいえば、鉄道好きの生徒が自身の最寄り駅の年間の乗客者数を探究したい等です。これは、きっとその駅に連絡し、資料や記録を見させてもらうだけで解決してしまいそうです。後者の例でいえば、世界平和の実現を探究したい等です。これは、規模が大きすぎて、何をしたらよいかわかりません。せめて「世界平和とは何を指すのか」、「どこの国を中心にするのか」等、制限をかけないと一歩も前に進めなくなります。

このように**出てきた課題を整理する時間をとることが大切**です。

教師はあくまでも支援側で

課題の整理をして、生徒自身が取り組みたい課題をどんどん発表してもらいます。四〇人が、5個ずつでも出し合えたら200個の課題が共有できます。その中には、自分の興味関心があることが、必ずあるはずです。

さて、その中で**どうしても自分の課題が見つからないという生徒も出てくる**と思います。その場合は、どうしたらいいでしょうか。生徒の話を聞きながら「あれはどうか」「これはどうか」と生徒の興味関心の近いものを探していくことになります。しかし、締め切りもだんだん近づいてくると、生徒も教員も焦ってくるので「とりあえずこの課題にするか」と決めてしまいます。これは自分の興味関心に合致せず、妥協して選んだ課題になります。「とりあえず……」で進めると探究も「とりあえず……」になってしまうのです。時間はかかっても、締め切り日までに間に合わなかったとしても、**自分が納得する課題を「自分の意志で決める」ことが大切**なのです。教員が決めてはいけません。そうすると、困難なことが起こった時に、「先生が決めた課題だから」「私はこの課題をやりたいわけではなかった」となってしまいます。

教員の知識や経験のある課題だけに限定させない

課題の設定の際に、重要なことがあります。それは、「**教員に知識があるか、経験があるか」という尺度で課題を限定させない**ということです。

総合的な探究の時間が始まる前、さまざまな学校で探究活動を行っていました。その中には、大学のゼミのような形で、各教員の得意分野に分かれて生徒を募り、最終的に「卒業文集にまとめる」というところまでさせていた学校もありました。教員側の視点に立てば、自分の専門領域に近いほうが、より探究内容も深めることができ、教員としても指導しがいがあることでしょう。しかし、これは良くもありますが、悪くもあります。**生徒の興味・関心が、教員の専門領域に当てはまらない場合も往々にしてある**からです。

生徒とのやり取りをしていく中で、どうしても自分の研究に近づけてしまいたくなる気持ちも出てくるでしょう。しかし、その気持ちをぐっと抑えて、生徒が本当に自分の取り組みたい課題に向き合えるようにサポートしていきましょう。

実現不可能なものを排除しない

　さまざまな課題がある中で「実現可能な課題」と「実現不可能な課題」に分けられるかと思います。すると、やはりどうしても実現可能な課題を進めたくなります。最終的に形にしたいという気持ちもあるからだと思いますが、私は、**実現不可能かもしれないものを探究してもよい**と思っています。そもそも、極端なことを言えば、「実現可能か不可能か」なんていうことはやってみなければわかりません。それでもし、実現が不可能な課題を探究して、**上手くいかなかった場合は、「この方法では上手くいかなかった」ということがわかったということ**なのです。それは、立派な探究の成果と言えるのではないでしょうか。生徒のみならず、我々教員も「答えのある問い」ばかりを相手にしてきたせいか、「答えのない問い」を恐れる傾向があると思います。しかしながら、**「答えのない問い」のほうが、探究していて面白い**ことでもあるし、「課題が解決しなかった」としても、時間が足りなかったせいなのか、探究の仕方が悪かったせいなのか、と考え、次のステップに生かすことができます。最後の「まとめ・発表」を意識するあまり、課題の可能性を狭めてしまっては、非常にもったいないです。そこは、先生が生徒に「思い切ってやってごらん」と背中を押してあげてください。

アジャイル思考で考える

「アジャイル思考」とは、細かな単位で修正を繰り返して完成度を高めていく考え方です。ソフトウェア開発の業界で使われてきた用語のようですが、最近ではビジネスでも使用されている用語です。身近な例でいえば、皆さんのスマートフォンに入っているアプリケーション。年に何回かアップデートすることがあると思います。あれがまさにアジャイルです。**少しずつ修正を加えていき、よりよいものにしていく**という方法です。

さて、課題の設定についてですが、これも少し似たような状況があります。課題を設定し、その課題について調べていくと、「あれ？　この課題はもう少しテーマを狭めたほうが上手くいきそうだ」「この課題は、この問題も一緒に考えるともっとよくなるぞ」というような形で変化することが多々あります。

「初志貫徹」も格好いいのですが、そのせいでモチベーションが下がってしまったら元も子もありません。ここは、「臨機応変」と言い聞かせて、生徒の細かな修正は認めてあげましょう。

理想と現実とのギャップを課題にする

例えば、勉強でクラストップになりたいという理想の自分の姿があったとして、現実は、クラスで30番目だったとします。この場合、理想と現実にギャップがあります。この**ギャップを意識すると、「課題」が明確になったりする**ことがあります。この例でいえば、勉強が上手く進んでいない、勉強する方法が良くない、勉強時間が足りない等、さまざまな課題が挙げられてくることでしょう。また、クラストップになるためには、自分以外の要因も関わってきます。このように考えていくと、さまざまなことがクリアになり、「課題」を発見し、設定しやすくなります。

これは、部活動などでも応用することができます。理想の自分はスタメンになって公式戦で活躍することだが、現在の自分は応援席で応援している。課題は、スタメンになっている生徒と自分を比較して、技術が足りないのか、メンタルが異なっているのか、体力の有無なのか等、さまざまな課題が挙がってきます。誰がスタメンを決めるのかなんていう要素も加わってくるかもしれません。このように考えていくと**身近に「課題」はたくさんあるもの**です。

課題設定の具体的な方法

（例）勉強でクラストップになりたい生徒

理想（勉強の成績がクラストップ）

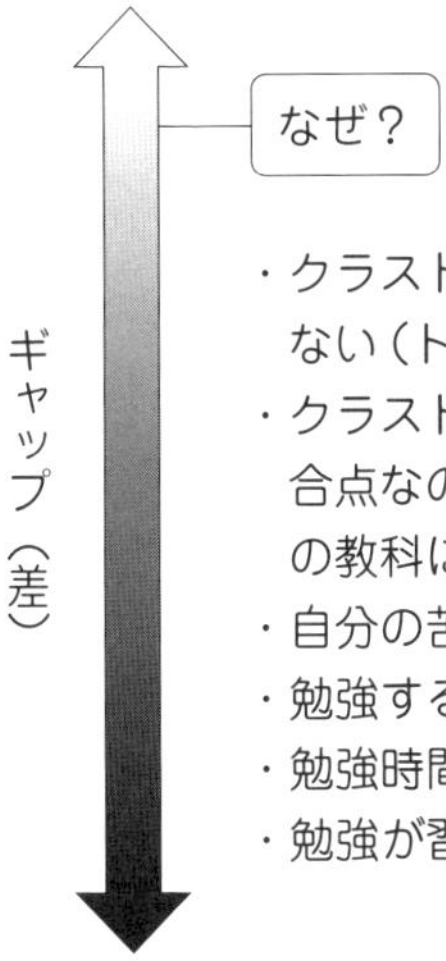

・クラストップになるための得点がわかっていない（トップが何点とっているのか知らない）
・クラストップの目標設定が具体的でない（総合点なのか、5 教科・3 教科なのか、全ての教科においてトップということか）
・自分の苦手や得意な教科を意識していない
・勉強する方法がわかっていない
・勉強時間が少ない
・勉強が習慣化できていない

現状（クラスで 30 番目）

社会的意義があるかどうかにとらわれすぎない

課題の設定の際に、「社会的に意義がある課題か」「その課題を解決することで何が変わるのか」「多くの人が幸せになる課題なのか」等、考えることがあるかもしれません。しかし、それを念頭におくとなかなか課題設定ができませんし、この際その部分は大目に見て**「自分が一番探究したい課題」をやらせてあげましょう**（そうは言っても、反社会的なことを助長するようなものは、方向転換や考え方を指導してあげるべきかもしれません）。

現在では、ウェルビーイングという考え方が流行っています。心身ともに満たされた状態であり、生き方やあり方を問う考え方です。幸せとは何かと考えた際、**自分の興味を持ったことをとことん探究できるということも、一つの幸せ**かもしれません。大学の研究者の中にも、「この研究は社会のどこで役に立つのか」「自己満足的な研究ではないか」と言われる研究をしている方もいます。しかしながら、その方からしてみれば、社会のどの分野で活用されるかはわからないけど、自分自身は好きな研究をしているわけなので、少なくとも一人は幸せになっているということができます。高校の探究も、探究している自分自身が幸せで、為になることであればよいのではないでしょうか。

14 情報収集

情報収集の仕方を考える

情報収集の方法は、多岐にわたると思います。新聞・本・テレビ・ラジオ・インターネット・SNS等、さまざまです。その中でも、今、**生徒が一番情報を得ている方法は、**SNSでしょう。一昔前は、インターネットの検索エンジンから、知りたい情報の単語を入れて検索し、各サイトから情報を選んでいました。現在でもそのような方法で情報を集めることもありますが、その**検索エンジンの代わりに、SNSでざっくりと概略をおさえる生徒が多くなっている**ように感じます。SNSにもさまざまなものがあり、企業のアカウントもあれば、個人のアカウントもあります。生徒は、ハッシュタグ等も活用しながら、インフルエンサー等の情報を見て自分の判断の材料にしているようです。

さて、このような情報収集を教員としてどのように指導していけばよいのでしょうか。

SNSは黎明期のインターネットと同じ

「SNSには匿名の人が多く書き込んでいるから真偽のほどはわからない」「自身の投稿がバズるようにウケが良い部分だけを掲載していて全体像が見えない」等、さまざまなことが言われています。しかし、このようなことは、インターネット黎明期でも話題になったものであり、「インターネットのサイトに書いてあることをそのままコピーしない」「本に書いてあることを一次資料として考えるべきだ」と言われてきたことと非常によく似ています。ただやはり、**どこからその情報が来ているのかは確かめさせましょう**。

例えば、日本人の平均寿命を知りたかったとしましょう。そこでSNSで検索したところ男性は81歳、女性は87歳と投稿しているものがあったとします。もちろんそれを鵜呑みにはできないので、根拠を探しに行きます。その数字はどこからきたものなのかということです。調べていくと、どうやら厚生労働省の資料の中から引用したことがわかりました。よしこれで安心……としないで、本当に厚生労働省の資料にそう書いてあるのかまで確認が必要です。つまり、「**孫引き引用はしてはならない**」ということも教えましょう。

テレビやラジオからの情報はどうか

情報収集の一つとして、テレビやラジオはどうでしょうか。現在の若い世代は、テレビを見たり、ラジオを聞いたりしないかもしれません。しかしながら、これらのメディアも大切な情報源となります。**テレビでは、どこのテレビ局の番組か、ラジオは、誰の発言かということが明確になっています。**また、多くはスポンサーがついて放映していることから、間違った情報をあえて流すことも少ないでしょう。「テレビで言っていた」、「ラジオで聞いた」だけだと信憑性にかけるので、「○月○日△テレビの□という番組で取り扱われていた」「毎週○曜日の△時間から□さんがパーソナリティを務める番組で☆さんが発言されていた」というところまで押さえておくべきでしょう。

普段はなかなか見たり聞いたりしない「オールドメディア」と言われるメディアにも積極的に触れることで、知見を広めることができます。オールドメディアにも、インターネットにはない良さがあります。

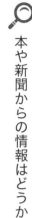

本や新聞からの情報はどうか

オールドメディアの一つとして、本や新聞も挙げられます。**テレビやラジオ以上に、誰が書いたものであるか、タイトルは何か等、すぐに調べることができます。**また、本や新聞の内容は、インターネットで検索して調べることもできるので、集めたい情報・調べたいテーマがあれば、すぐに情報を手にすることができます。

本の良いところは、筆者だけではなく、出版社が目を通して校閲をしているということです。それだけ信用が上がります。

では、新聞はどうでしょうか。新聞も本とそう大差はないと思いがちですが、スピードが違います。本は、筆者が構想を練って、執筆して、校閲してと、私たちの手元にとどくまで、何カ月もかかります。長い人なら1年や2年かかるでしょう。しかし、新聞は違います。**昨夜起こったことが、今朝の朝刊に載ることもあります。**一方、伝統もあるため蓄積も多く、「○年前の△月□日の新聞記事」というような検索ができるツールもあるので、非常に有益な使い方もできます。

インターネットも使い勝手が良いですが、オールドメディアの伝統や蓄積されたものを活用すると情報収集の幅が広がるでしょう。

国や自治体が管轄する機関の情報はどうか

○○省や、△△県庁□□課等、国や自治体が管轄している機関からの情報は、どうでしょうか。実は、これが一番信用があります。ほとんど全ての本でもそうですが、こういった機関が出したデータをもとに論を組み立て、文章を作成しています。つまり、**基本となる情報元として最も信用できるため、基本となる情報はここから集めることをお勧めします。**ただし、注意も必要です。情報の種類にもよるのですが、それが何年に公表されたものかを確認することが大切です。例えば、昭和60年に公表したデータだった場合、それよりも最新のデータがあれば、そちらを参照したほうがよいでしょう。**その情報をどのように使用したいのか、今一度考えてみる必要があります。**

学術論文についても触れておきます。**論文を情報の一つとして参照するのはとてもよい**と思います。最新のものであれば、まだ世に出ていない情報もあるかもしれません。論文には必ず「先行研究」や「参考文献」があります。この論文は何を根拠に書いているのかと思った場合には、そこに記載のある資料にもあたってみるとよいでしょう。また、同じ研究者の別の論文を読んでみるというのも効果的です。

常識を疑う

「それって当たり前のことだから」「親がそう言ってたから」等、人間は当たり前のように経験してきたことを、さもそれが正しいことかのように思ってしまいます。しかしそうではないこともあるのです。例えば、挨拶の時に頭を下げるというのは、万国共通ではありません。ハグをする国もありますし、握手する国もあります。また、服装だってそうでしょう。国によって着ているものが異なります。また、季節はどうでしょうか。7月・8月は夏で暑いと思ってしまいますが、別の国では、寒いということもあります。

私の常識が、あなたの常識ではなく、日本の常識は、海外の常識ではないということを良く覚えておきましょう。そして、その常識の差の中に、課題があったり、面白い情報が埋まっていたりします。是非、**自分の中の常識を疑ってみてください**。きっと、そこから面白い世界が広がっていくと思います。海外の情報も取り入れてみると、日本との比較ができてよいと思います。

生成ＡＩはどうか

最近はこの名前を聞かない日はないというくらい、生成ＡＩが用いられています。生成ＡＩの情報はどのように考えればよいでしょうか。**生成ＡＩは、「プロンプト」と呼ばれる指示に対して、大量のデータからその答えに合ったものを探し出して、答えを生成します。**ですので、過去にあった情報を元にもっともらしい答えを出してきます。最近は、その生成の元になった資料やサイトの記事も合わせて表示してくれるようになったので、もし疑問が生じたら、その資料に当たってみるとよいでしょう。

しかし、ここで一つ注意しておくことがあります。それは、**生成ＡＩは自身が作成した答えの意味はわかっていない**ということです。例えば過去にこんなことがありました。本校は定時制の課程なので、夕方から授業が始まります。これくらいなら、どんな人でもある程度わかると思いますが、生成ＡＩにはわかりません。「朝8時30分から生徒は登校し……」等、平気で嘘をついてくるのです。**嘘をついてくる可能性もあるということを、常に頭に入れて、その答えの元になったデータをよく吟味する必要がありそうです。**

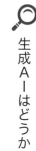

人から聞いた話はどうか

人に聞いた話はあまり信憑性もなく、信用度も薄いのではないかと思っている人もいるかもしれません。確かに、その人の考えや思いは、その人だけのもので、一般論とは異なります。**必ず、その人が根拠にした資料も確認しておきましょう。**

ただ、専門家の人の話であれば、状況が変わります。というのは、**専門家の意見で、あまり情報が出回っていないものについては、貴重な情報となります**。その方が、その分野の第一人者だった場合等は、しっかりと話を聞いておいたほうがよいでしょう。

また、口頭伝承によって伝えられてきたこと等も同様です。活字では残していないが、その地域では伝統的に親から子に受け継がれてきたもの等があったりします。この場合も、**地域研究等する場合は、非常に重要な情報になります**。全ての事象が、本やインターネットに存在しているわけではありません。特に古い事柄については、実際に体験している人はいるけれど、情報としては少ないということもあります。インターネットや本に残っていないけれど、複数の人が証言している事柄を見つけたりすると、非常にワクワクします。是非、足を使って人に会いに行ってみましょう。

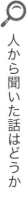

情報収集のポイント

↓

いつ、どこで、誰が、どう発信していたか？
（孫引きはNG）

↓

・収集した日付を記入する
・しっかり保管する

15

整理・分析

集めた情報を整理する

次に、ここまで集めてきた情報を整理していきましょう。恐らく、現段階では、自分のテーマについての情報が、さまざまな切り口で手元にあると思います。**その情報をどのように整理するのが適切か**考えていきましょう。

例えば、**時系列に情報を並び替える**ことも必要になるかもしれません。年代によって変化しているようなものを探究のテーマに掲げているのであれば、いつからいつまでに変化しているというようなまとめになります。また、**色や大きさで分けたりする**ような整理の仕方もあるかもしれません。そう考えていくと、「自分がどのようにまとめていきたいのか」ということを先に考える必要がありそうです。**自分が掲げたテーマに対してどのように切り込んでいくのか、まずはそこから考えてみることが大切**です。整理しながら分析をしていきましょう。

集めた情報を分類する

まずは、分類をしてみましょう。テーマによって分類項目は変わるかと思いますが、**どのような情報があるのか、全て目に見える形で出していきましょう。**この際、よく使用されるツールとして、「KJ法」挙げられます。KJ法とは、文化人類学者である川喜田二郎氏が考案した手法で、断片的な情報やアイディアを効率的に整理する目的で用いられるものです。学校教育の場でも頻繁に使われており、大きめの付箋と、模造紙、カラーペンを用意して、付箋に一つひとつ情報を書き、その付箋を並べ変えたり、グループにしたりすることで、情報を整理します。

通常であれば、ブレーンストーミングをしてから実施することが多いですが、すでに情報をたくさん集めている状態なので、その一つひとつを付箋に書き出し、時間や場所、人物や色などの情報をグルーピングしていきましょう。そして、**その中から見えてくる関係性を図解化していき、最終的に文章化することができれば、しっかりと整理したことにな**ると思います。

各情報の共通点・相違点は何か

グループピングや関係性を図解していく作業の際に、手が止まってしまうことがあります。それは、どのようにカテゴライズをすればよいのかわからない、または関係性が見いだせないといった時です。生徒の中には、完璧に類似したものしかグループとして認めなかったり、関係性が何もないというように判断してしまったりして、早々に考えることを辞めてしまう生徒もいます。そういった生徒には、**情報の共通点は何か、相違点は何かという目線をもって考えさせましょう**。

また、探究学習を複数人で取り組んでいればよいですが、そうでないとすると、一人で整理することになります。もちろん全員が全員整理することが上手いわけではないので、ここでは工夫が必要です。その工夫として、**整理した内容をクラス全体の前で発表させたり、他の教員にアドバイスを求めさせたりする**などが挙げられます。この部分に関しては、複数の目があることによって、整理のバリエーションが増え、考えてもいなかったアイデアが出てくることもあります。

バックアップをとっておく

　ここまでくると、整理前の情報と整理後の情報とで、情報も多くなっていると思います。**必ずバックアップを取っておくことをお勧めします**。「何を当たり前のことを言っているんだ」と思われるかもしれませんが、私には苦い経験があります。卒業論文を書いている時に、ある時、いきなりデータが全て消えてしまい、一から書き直すことになったのです。今まで一度もデータが消えるなんてことはなかったので、まさかそのようなことが起こるとは思いませんでした。この経験から私は、バックアップの重要性を生徒にも伝えてきましたし、自分自身にも未だに言い聞かせています。

　ここで重要なのは、バックアップをとることなのですが、どこにバックアップをとるのかということも非常に重要です。例えば、生徒の端末の中に保存しているとしたら、その端末を紛失してしまった場合や、壊れてしまった場合に使用できなくなってしまいます。一つの端末だけではなく、**複数の端末や、クラウド上にバックアップをとるようにしておくと安心**です。ついつい忘れてしまうことが多いバックアップですが、せっかく集めた情報がなくなってしまわないためにも、必ず行うようにしましょう。

仮説を立ててみる

ここまでは、主に「整理」することに重点をおいて話してきましたが、ここからは「分析」をしていきましょう。**今まで集めてきた情報を整理し、分類したことで、何が見えて来たでしょうか**。「もしかして今までAとBしか扱われてなかったけど、Cも扱ったらもっと面白いことが起こるのではなかろうか」「DとEは交わることはないと思っていたけど、合わせたら……」等、生徒からそのような声が聞けたら最高です。恐らくこのような視点は、整理段階でも出てくるので、**注意深く観察して生徒の様子を見ておくとよい**と思います。

このような生徒は、そのままその仮説が正しいかどうか検証していくので、大丈夫なのですが、問題は仮説を立てられない生徒だと思います。自分が考えていたテーマについてはよく調べたけれど、単なる調べ学習で終わりそうという生徒も多くいます。そこで、**「ここから何が見えてくるのか」**、**逆に「ここまで整理して何か解明できないことがあるのか」等、一緒に考えてあげましょう**。すると、生徒も自身のやってきたことに再度取り組むことができ、仮説を考えることができます。

その内容を深掘りしてみる

次に、先ほど立てた仮説を検証してみる必要があります。内容を精査し、深掘りしていくわけですが、どのように進めていけばよいでしょうか。

恐らくその仮説は、さまざまな情報から選ばれた情報の組み合わせから生まれたものがほとんどだと思います。つまり、**組み合わせたものについては、まだ何も調べていない**ということです。ここで、深掘りをしていくためには、**再度これらについての情報収集が必要**です。「また情報収集をしなければならないのか」と思うかもしれませんが、一度その作業をやっているので、前回よりも時間がかからずできると思います。面倒くさがらずにぜひ再度、情報収集をしてみてください。

すると、たくさん情報が出てくるものもあれば、全く情報が見つからないということもあるでしょう。情報が出てくるものについては、それを再び整理すればよいですが、全く情報が出てこないというものであれば、それは世紀の大発見か、もしくは、一般的に認知されていないというものかもしれません。そのような場合はどうすればよいのか、次の項でお伝えします。

専門家に聞いてみる

「情報を集めようとしたけれど全く情報が集まらない」ということがあると思います。理由はいくつかあると思うのですが、**そのテーマについて考える人が少ないということや、ある一定の地域でしか存在しないものだったりした場合**がこれにあたります。そのような生徒がいた場合はどうしたらよいでしょうか。

よくよく調べてみると、**一つも情報がないということはまずありえない**と思います。新聞記事で紹介されていたとか、論文の中でわずかではあるものの言及がある等、少しの情報から探っていくのです。例えば、**新聞の記事であれば、新聞社に連絡をして詳細を聞いてみるとか、論文であれば、その執筆者に連絡して教えてもらう**ことも可能です。

テーマについて、ぴったりの情報が集められなかった場合については、そのテーマに近い分野を研究している方を探しましょう。**大学教員の専門から探し出してもよいですし、その専門書から執筆者にあたってみるのもよい**でしょう。一人で難しいということであれば、図書館のレファレンスサービスを活用してみるのも手です。そうすると類書を探し出してくれるので、そこから専門家にアポイントをとってみましょう。

情報の整理・分類・仮説の流れ

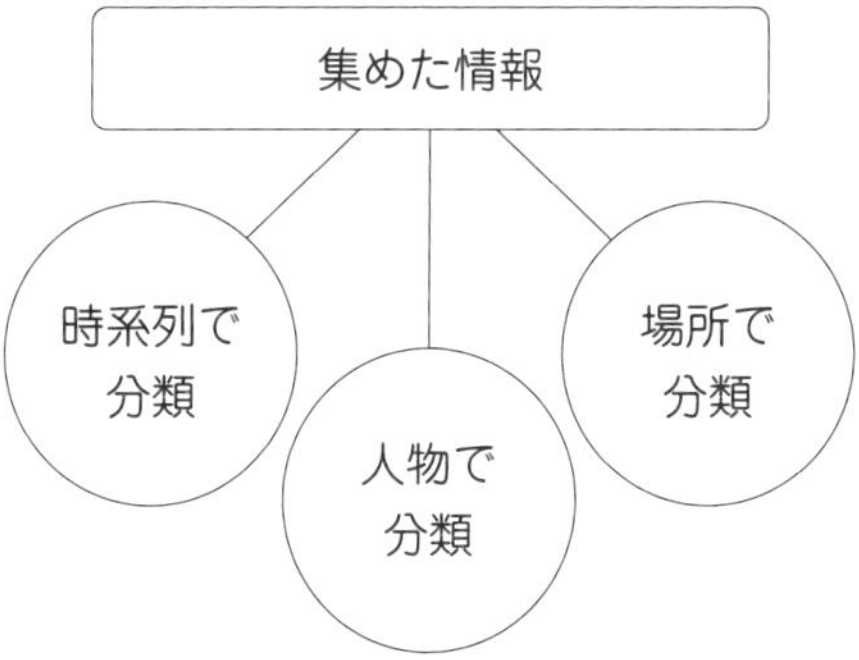

⇓

仮　説

『この時間にこの場所ではこのようなことが行われていたのではないか？』
『この人物はこの場所でも何かしらの活動をしていたのかも？』

⇓

検　証　へ

検証してみる

さぁいよいよ検証してみましょう。分析し仮説を立てたものについて、再度集めた情報や専門家のアドバイスをもとに検証することが大切です。この際、**重要になってくるのが「仮説をきちんと実証しているか」ということ**です。**まずは、自身が立てた仮説がどのようなものであったか**を確認しましょう。そして、集めた事実をもとにして、**その仮説を証明しているかどうか**チェックしてみるのです。

生徒の中には、仮説を実証しようとしていたのに、最初の仮説とは異なるものを実証してしまっている場合があります。これは、再度情報収集をしている際に、方向がずれていってしまったのでしょう。また、他のNGパターンとしては、事実ではないこと（自分の中の感想や思い）を基準にして実証してしまっている場合もあります。ここまでくると、自分の考えや思いが強くなってきますし、それを事実として取り上げたくなってしまったりもします。しかしながら、ここでそれを根拠として使うことはできません。**客観的な視点に立って、第三者が見ても納得できるようなものでなければ根拠として使えず、仮説を実証することはできない**のです。それが事実が感想なのか、改めて確認してみましょう。

16 まとめ・表現

まとめてみる

いよいよまとめです。ここまできたら、今までの探究の成果を存分にまとめていきましょう。とはいえ、「どのようにまとめたらいいのかわからない」という生徒も出てくると思います。**まとめ方は一つではないので、自分の探究活動を伝えるのに、一番効果的なまとめかたをするべき**です。

例えば、時系列に並べた方がよりわかりやすいテーマであるならば「年表を作ってまとめる」、動きのあるものをテーマに選んでいるのであれば「動画を見せながら発表する」等です。**自分が聞き手だったら、こんなまとめ方だったらわかりやすいなと思うまとめ方を模索しましょう。**生徒の探究テーマはバラバラですからもちろんまとめ方も多種多様になるでしょう。一律に「模造紙にまとめなさい」という指示は禁物です。強いて決めるのならば、発表の時に時間制限だけ決めるくらいでしょうか。

どのようにまとめるか、何でまとめるか

生徒から「どのようにまとめたらいいですか？」と聞かれることもあると思います。「自分の探究してきたことが一番伝わるまとめ方でいいよ」「先生、僕の探究テーマが一番伝わるまとめ方ってなんですか」「……」というようなやりとりになることも容易に想像できます。では、このように聞かれた場合どうしたらよいでしょうか。ここは、教員である利点を大きく生かすことができます。

授業をする際、「今日の授業は動画を流して見せたほうがいいな」「今日の内容だったらテキストを見せながら、記号をつけて説明していこう」「今日の単元では……」というように授業内容を変更していることでしょう。基本的にはそれと一緒です。**教員自身が授業を行う際に判断しているその基準で生徒の探究テーマを見てアドバイスしてあげればよい**のです。しかしここで注意が必要なのは、「生徒は教員ほど発表慣れしていない」ということです。教員は、資料がなくても話術で理解させることができるかもしれないし、文章だけのまとめで伝えることもできるかもしれません。しかし、**生徒は毎日授業をしているわけではないので、可能であれば視覚に訴える写真や動画等を入れたほうがよい**です。

論理矛盾をしていないか

また、「段取り」を考えてからまとめることも大切です。まとめている途中に「あれ？これは伝えたいことと違う」となった場合に修正に時間がかかるからです。

まずは、テーマについて考えた流れがしっかりと説明できるようになっているのか確認しましょう。探究活動を進めていくと、生徒自身はそのテーマについて理解が深まっていることでしょう。すると、**普通ならA→B→Cの順番で進むべき内容が、いきなりA→Cみたいな感じになってしまう**のです。「Bなんて入れなくてもわかるよね」という状況が起こっているのです。本人の中では、論理的矛盾はないのですが、他の人からするとA→Cの流れがわからないので「?」となります。この部分は、**聞く人の視点になって丁寧にまとめることが重要**です。

また、最初のテーマと結果がずれていることも往々にしてあります。まとめる時にはテーマに沿った結論になっているのかチェックすることも必要でしょう。どうしてもずれてしまうのであれば、そのことも含めて発表に加えておくと理解しやすくなると思います。

第三者に見てもらう

まとめたものを全体に発表する前に、**第三者に見てもらう機会を設けましょう**。自分でまとめたものというのは、わかりきっているため、ミスに気がつかないものです。私もそうなのですが、自分が作成したプリントや執筆した原稿等、何度もチェックしているのに誤字脱字に気がつかなかったりするのです。必ず一度は他者に目を通してもらうように伝えましょう。

チェックを頼まれたら、必ずフィードバックしてあげてください。というのも、生徒は、このままでよいのか修正したほうがよいのかわからないからです。ポイントはいくつかあります。まず**単純な誤字・脱字等。次に、論理矛盾が起きていないかという視点**です。そして、最後は、**その発表を聞いて不快になる生徒がいないか**どうかです。内容によっては、生徒の境遇や生い立ち等に触れる場合があるかもしれませんし、ジェンダーの問題も含まれるかもしれません。まとめ直さなくてもよいので、そういう部分を細かに見てあげて、言い回しや丁寧な説明をするように促すとよいと思います。**探究のテーマは自由ですが、周りへの配慮も忘れないようにしたい**ものです。

どのような方法で発表するのか

さぁ、いよいよ発表です。発表の仕方についても生徒に考えさせましょう。どのような発表にするか考えるのも探究の醍醐味と言えるでしょう。ここで**教員がするべきことは、「環境を整える」**ということです。一人ひとりの探究発表の持ち時間はどれくらいなのか、教室で発表なのか、視聴覚室で発表なのか、ＩＣＴ機器の準備はしてあるか、音響はどうか等教員の方で確認しておきましょう。せっかく発表するのであれば、最高の形で発表させたいですね。

もう一つ考えなければならないのは、発表の聞き方についてです。発表中に評価シートを配布して、メモを取らせながら発表を聞くのか、また発表後、質疑応答があるのかどうか。このあたりもしっかりと決めて全体に周知させておくとよいでしょう。この部分に関しては、生徒とともに決めるのが一番よいかと思います。どのような時間配分・構成にするのか、評価については一緒にルーブリックを作成してみるのもよいでしょう。いままで探究を一人でやってきた生徒にとってみれば、共同で評価を作成するというところに楽しさを感じる生徒もいると思います。

動画での発表はありかなしか

「当日の発表までに、動画を作成するのでそれを流すだけでよいですか」このような質問を受けることがあります。クラスメイトの前で発表するとどうしても緊張してしまい、対面で発表することが嫌だということでしょう。確かにそのような生徒は、一定数います。私は、このような質問をされたときにいつも生徒にこのように聞き返します。「**本人がそこにいるのに動画をその時間流すことが、自分の発表を聞いてもらうのに一番効果的だと考える根拠を教えてほしい**」という言葉です。たいていの生徒は、「効果的ではない」ということがわかり、動画だけの発表はしなくなります。とはいえ、さまざまな事情を抱えている生徒がいることも十分承知していますので、持ち時間の半分までは動画を流してOKというようなルールにすることもあります。そうすれば、実質半分だけ発表すればよいことになります。どうしてもという生徒がいた場合はこのようにするとよいでしょう。

動画のメリットは、何度も撮り直して自分の気が済むまで編集ができるという点ですが、発表は一度きりでやり直しはききません。これは人生とよく似ていると思います。私は発表を通じてやり直しがきかないことに対してどう立ち向かうかも教えたいと考えています。

論文発表をして学会誌へ

さまざまな専門家や、大学の先生方と関わりながら探究活動を進めていくと、「**この探究活動を論文にして、学会誌に投稿しませんか**」**という話をいただくこともあります**。もちろんそれは生徒にとって非常に有意義なことであるし、名誉なことでもあります。このチャンスを生かしてあげてほしいと思います。

教員として確認すべきことは、**生徒が論文のどの部分まで執筆するのか、いつまでにそれを仕上げるのか**ということです。生徒が、論文を書くことに苦労することは見えているので、どの範囲をいつまでに書き終えるのかという部分は、教員のほうでサポートしてもよいと思います。多くの学会誌は、論文規定があり、いつまでに提出しなければならないということが明確になっています。締め切りを過ぎて投稿できなかったなどということがないようにしたいものです。また、専門家の方や大学の先生とのやりとりは、生徒だけでは上手くいかないことも出てくるかと思います。その部分で**教員が間に入ってやりとりすることも必要なこと**だと思います。このように環境を整えてあげることが生徒へのサポートになります。

発表に対してフィードバックをする

生徒は、今までの成果を全力で発表してきます。それに対して「よく頑張ったね」「すごく素敵な発表だった」だけではもったいないです。もちろん、会場にいる生徒から質疑があったり、称賛の声が挙がったりするでしょう。**教員が発表者にしてあげるべきことは、的確なフィードバック**です。

発表前に発表資料を読み込んでおきましょう。発表を聞かずとも資料からわかることはたくさんあります。そこで、ある程度フィードバックする内容を考えておくのです。そして当日の発表を聞いて、フィードバックする内容を調整して的確なアドバイスをあげましょう。次の項でも触れますが、これで探究が終わりになるわけではありませんし、これから先の人生でこのような経験は増えていくでしょう。**フィードバックをもらい、その後この生徒がどうするかというところまでしっかりイメージしておく**のです。「**ここまで自分がやってきたことがどのように評価されるのか」ということを生徒に伝えてあげる**ことが大切です。このまま、何もフィードバックせずに発表しただけにしてしまうと、「しっかりやってもやらなくても一緒」という生徒が出てきてしまうので、注意しましょう。

まとめ・発表の方法

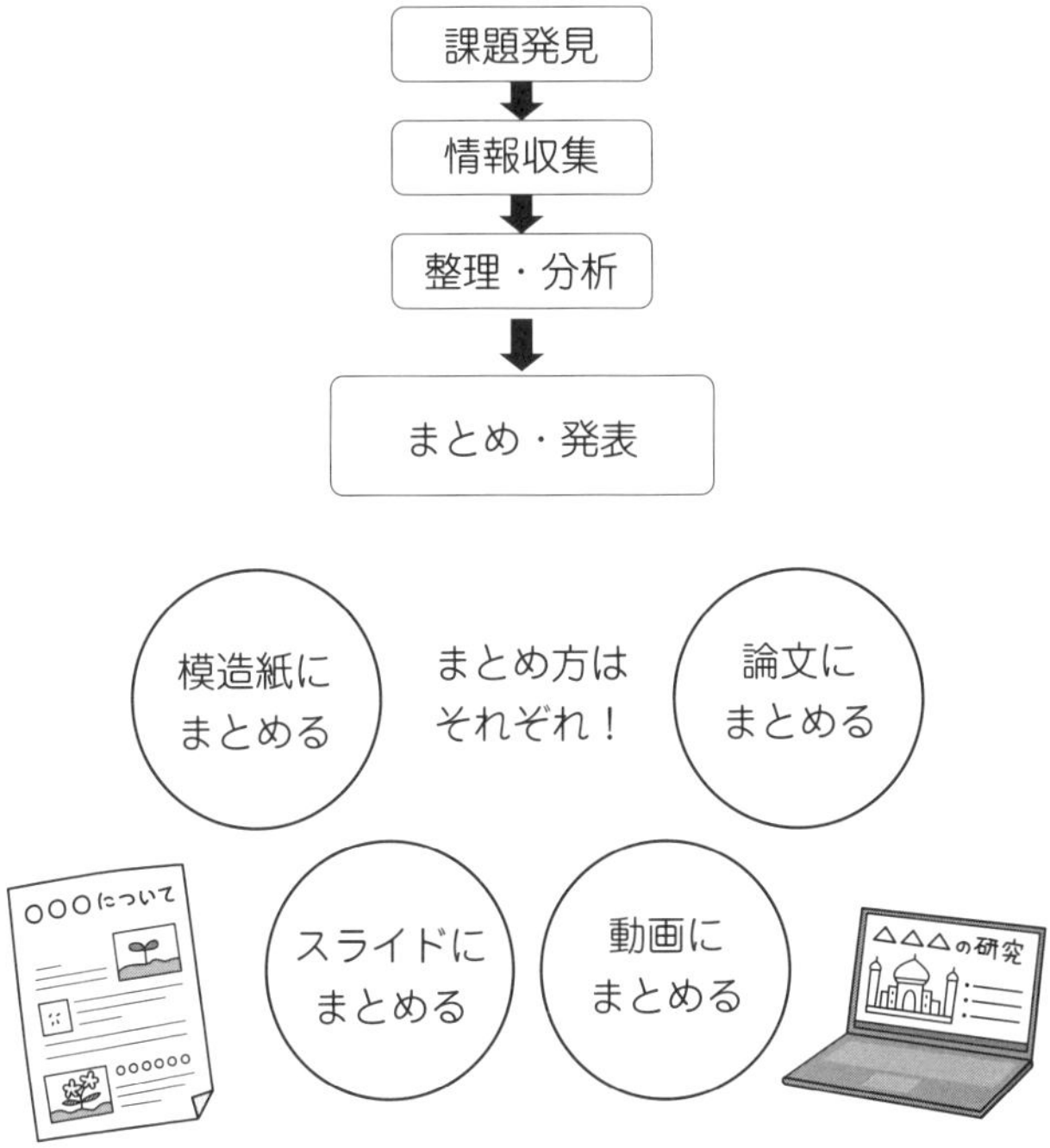

発表しやすく伝えやすい方法で！

17

探究の評価について

探究の評価は必要か

ここまでの項目で、探究のサイクルを学んだり、実際に探究を行う流れを見てきたりしました。

最後に話題になるのが、「評価はどうするの？」という問題です。前章でも触れましたが、**他教科とは異なり、総合的な探究の時間においては、5段階等の評定をつけることはしません。**通知表を見ても国語は4、数学は3、「探究は5」というようなことは書かれておらず、単位修得の有無だけが記載されていることでしょう（もしかしたら、単位を書かない学校もあるかもしれません）。

「評定を出さなくてよいなら、特に評価をしなくてもよいではないか」という声が聞こえてきそうですが、そうではありません。生徒は自分が一生懸命に探究した分だけ、評価やフィードバックをしてほしいものなのです。私たち教員も、評価があったほうがモチベーションが上がりますし、改善することもできます。**探究についてもしっかり評価をしてあげましょう。**

探究の評価はどのようにするのか

先生方が各教科の評価をつける際は、どのように行っているでしょうか。定期考査の点数を参考にしたり、日々の小テストの結果を見たり、授業中での発言や提出物等も見ながら、総合的に評価していると思います。

では、総合的な探究の時間で考えてみるとどうでしょうか。定期考査は実施しないですし、小テスト等も実施しているという学校は稀でしょう。授業中の発言や提出物はどうでしょうか。一斉授業の形式ではないことが多いので、全体に対する発言というものは少ないでしょうし、提出物を課すことも多くはないでしょう。

このように考えていくと、総合的な探究の時間は、いったいどのように評価をすればいいのかわからなくなってきます。

そんな時には、**学習指導要領に立ち返りましょう。解説には、生徒の学習状況の評価方法として、重要な三つが示されています。**

- **信頼される評価方法であること**
- **多面的に評価できる方法であること**
- **学習状況の過程を評価する方法であること**　です。

信頼される評価方法とは

「信頼される評価方法」とは、いったいどのようなものでしょうか。定期考査等があれば、点数がはっきり出て、その点数の高低により評価をつけることができます。ですので、説明ができますし、客観的に見ても納得できるものです。しかし、探究の時間ではそうはいきません。先生たちが悩んでいる部分はここかもしれません。

そこで、「信頼される評価方法」を別の言い方をしてみると、「**誰が評価しても、著しくゆれることがない方法**」と言い換えられそうです。それを目指すとするならば、誰でも同じ評価ができる「基準作り」が重要になります。

このようなお話をすると、「その基準作りにすごい時間がかかりそう」「負担が大きくなる」という声が聞こえてきそうですね。ですが、この「**評価の基準づくり**」**も生徒と一緒にやってみてはいかがでしょうか**。探究で学習する内容や学校が目指す生徒像等も共有し

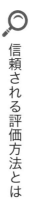

て、生徒・教員みんなで評価基準を作成するのです。「誰が評価しても、著しくゆれることがない」明確な基準を目指すのであれば、生徒に評価の基準を共有しても問題ないはずです。是非、探究の取組の一つとして考えてみてはいかがでしょうか。

多面的に評価できる方法

どの教科・科目もそうだと思いますが、定期考査の点数のみで評価・評定をつけているということはないと思います。探究も**多面的な評価の方法**が必要です。

探究のサイクルの最後に「まとめ・表現」があります。最終的には探究した内容をスライドにまとめたり、動画にまとめたりして、成果物が出来上がります。もちろん、成果物に対しての評価も必要ですし、フィードバックも必要です。

さらに、「多面的な評価」をするのであれば、**担当教員だけでなく、生徒自身やクラスメート、保護者や地域の方、教材を使わせてもらった企業の方などにも参加してもらうと、効果的**だと思います。

ただし、その場合はなおさら、評価の軸がブレないようしっかりとした「評価の基準づくり」が必要です。複数の評価者や評価方法を上手く組み合わせながら評価をしていきたいものですね。

学習状況の過程を評価する

評価者を複数にしたり、評価の方法を組み合わせたりすることによって多面的な評価をするということを前項で示しましたが、評価のタイミングやその回数についても考えてみたいと思います。

「学習状況の過程を評価する」のであれば、最後の「まとめ・表現」のところだけではなく、生徒が探究しているまさにその瞬間に、評価をしていかなければなりません。

学校にもよると思いますが、「中間発表」を実施している学校もあると聞きます。中間発表を入れることにより、評価の回数を増やすことができますし、生徒自身が、探究の方向性が間違っていないかを確認することもできます。

あるいは、探究のサイクルごとに評価してもよいかもしれません。「課題設定」「情報収集」「整理・分析」「まとめ・表現」ごとに進捗確認も兼ねて評価するのも効果的でしょう。「評価するタイミングがたくさんあって大変だ」と思われるかもしれませんが、毎回発表させる必要はありません。「どんな感じで進んでいるの？」と生徒に投げかけながら、適切なフィードバックをしていきましょう。

探究の評価の基準や観点とは

探究の評価という話をすると、「ポートフォリオ評価がいいですか、それともルーブリック評価がいいですか?」というような質問を受けることがあります。どのように評価をするかについては、学校や学年で基準を定めるものであり、探究内容によっても変わるかと思いますので、一概には言えません。

ただ、評価の「窓」はたくさんあったほうがよいと考えます。例えば、ディスカッションをしていて、とても良い考えをもって話しているけれど、そのことを教員に提出するペーパーに書き記す時間がなかったというような場合、ペーパーに書かれた分量だけで評価するのは短絡的すぎます。「パフォーマンス評価」と呼ばれる部分になると思いますが、ルーブリックを生徒と一緒に作成しながら、評価の観点を作成しましょう。

新課程になり、3観点（「知識・技能」「思考・判断・表現」「主体的に学習に取り組む態度」）も、もちろん意識する必要があります。ここでは詳細は述べませんが、指導要録の所見欄も、この3観点に沿って記入することになります。

18

終わりではなく再出発

実はここからが面白い探究活動

探究を、課題の発見から発表までのサイクルを回していく中で、**生徒が思いもよらなかった体験を味わうこともある**と思います。自分が興味があることがわかったとか、仮説がうまく証明できた高揚感などです。そういう気持ちが芽生えればしめたもので、生徒はそこから自走していきます。「今度はこれをやってみよう」「こんな考え方はどうかな」等、試行錯誤していくことでしょう。ここからが探究活動の面白いところで、**自信を付けた生徒がどんどん自ら活動していきます。教員はそれを見守りながら引き続きサポートしていく**ことになります。

生徒の中には、発表の最後のフィードバックをもとに、再度探究を進める生徒や、仮説検証をしていく際に見つけた新たな課題について探究していく生徒もいます。もちろんそのマインドは大人になっても続いていきます。

結果は出なかったけど、興味をもったことが大事

生徒の中には、発表後に悔しがる生徒もいます。理由としては「自分の仮説が上手く実証できなかった」「新しいことを見つけることができなかった」というものです。しかしながら、探究活動の時間は限られており、全ての生徒の課題が解決できるわけでもないですし、仮説が間違うことなんてザラにあります。そのような生徒にはいつも次のような言葉をかけます。**「悔しがるということは、それだけ一生懸命にやっていた証拠。そこに自信をもってほしい」「今回の件で自分が何に興味があるということがわかったということ。それを今後も貫いてほしい」**というようなものです。やってきたことが無駄ではなかったということを前面に伝えてあげましょう。生徒自身も無駄ではないことは頭ではわかってはいるものの、結果が出ないとやはりショックを受けてしまいます。**その部分の心のケアを教員が担ってあげることが必要**です。

また、教員の経験から「先生も実はこういうことで結果がでなくてさ」と自身のことを話してあげることもよいでしょう。先生もそういうことがあるのかと感じてくれれば、生徒も安心しますし、信頼も高まるでしょう。

それを仕事にしたいという生徒が出てきたら

探究活動を進めていくうちに、その内容に詳しくなり、とことん好きになったりすることがあります。それはとても良いことであるし、自分のことがよくわかってきたとも言えます。さらに生徒の中には、**探究したことを仕事にしたいという生徒も出てきます。**

仕事にするとなると、学校の中で言えば、進路指導部が担当になると思います。実は、探究と進路は相性が良いのです。自分の興味関心を探究を通じて理解し、その上で、自身の進路について考えてみるというのは理にかなっています。ここでは、**生徒の想いをしっかり汲み取って、進路担当の教員と協力して話を進めましょう。**

ここで勘違いしやすいのは、**探究していた内容が好きで仕事にしようと思ったのか、探究という行為に興味がわいたのか**ということです。どちらなのかを確認しないと、大きく進路の方向が変わってしまいます。しっかりヒアリングをしていきましょう。もちろん、すぐに就職しない場合もあるかと思います。その時には、**生徒の興味関心が大学や専門学校のどの分野に向いているのかを考える必要があります。**進路の教員とも協力しながら生徒一人ひとりの進路を考えてみたいものですね。

STEP 3

探究を広げ、深める実践例

さらに探究を広げ、深める方法は？

探究を進めていく中で、生徒から、

「この専門の大学の先生から話を聞きたい」

「この機関と一緒に探究してみたい」

というような声も挙がってきたのではないでしょうか。

声が挙がってきたとすれば、探究は非常に良い方向に進んでいると言えます。

「外部連携は難しそう……」「学校の活動に協力してくれるか心配」等、あるかと思いますが、一歩踏み出して連絡してみましょう！

このSTEP3は、私が実際に企業や団体等と連携し、探究した実践報告となります。紙面の都合上、簡単な説明になってしまいますが、参考にしていただければと思います。

企業も探究の時間には、とても興味をもってくれています。

自社で教材を開発する企業も増えていますので、ぜひ効果的に活用してみてください。

19

実践事例①

自己分析・進路を考える

マインドマップで自己分析

【実践の目標】

自分の経験や思考を可視化し、自己分析をする。マインドマップを書くことで、「自分とはどういう人物か」ということを理解させ、自分の興味関心にたどりつかせる。マインドマップは、海外にルーツをもつ生徒でも、単語を繋ぎ合わせていくだけで進められるので、取り組みやすい。

【実践協力者】

本校教員

【実践に使用したもの】

A3の白紙の用紙、筆記用具

【実践内容】

まず、白紙の紙を渡し、中心に自分の名前を書き、そこから自分に関係のある言葉を連ねていく。関係性のある言葉を紡ぎながら、四方八方に枝を伸ばしていくイメージである。マインドマップについては、様々な本で紹介されているので、詳細はそちらでご確認いただきたい。

マインドマップを中学生の時に書いたことがあるという生徒もいるが、マインドマップは、書く時期によって内容に変化があるので、再度書かせる。中学生の時に書いたものとは異なることも実感させたい。

「いったい何を書いたらいいかわからない」「何が正解なのか知りたい」という生徒に対しては、あくまでも一例ということを生徒に説明した上で、教員が先に見本を書いてみせる。また、これは自分自身のことなので、特に正解はないことも併せて伝え、心理的安全性を担保しながら作業を進める。作業中に注意するべき点は、次のとおりである。

①現在を中心に書いていくが、小・中学生の時のことも振り返ること。
②学校のことだけでなく、家で夢中になっていたことや習い事にも目を向けること。
③友達と相談してもよいが、自分のマインドマップを必ず見せる必要はないこと。
④色ペンを使用したりすることも効果的だが、まずは書き出すことを優先すること。
⑤自分が書いたマインドマップを見て、自分がどんな人物であるかまとめてみること。

人生の先輩から話を聞く

【実践の目標】

人生の先輩たちから話を聞き、様々な他者と対話することで、現在の自分を振り返り、よりよい人生とは何なのか思考する態度を育成する。また、ウェルビーングの考え方の育成も目指す。（本校では長期休業明けの欠席者をなくすために、長期休業中でも学校から気持ちが途切れないようにする工夫の一つとして、「探究フェス」というイベントを開催した）。

【実践協力者】

小学校教員、出版社社員、株式会社社長、一般社団法人理事、国立大学大学院生等

【実践に使用したもの】

MetaLife、Canva、タブレット等の端末

【実践内容】

まずは、イベントの告知をするため、Canvaを活用しポスターやチケットを作成する。さらに、生徒にアンケートをとり、フェスでどのような活動をしたいかと投げかける。今回は、次のような方から話が聞きたいとのことであったため、それに沿った人材にアプ

ローチし、本校のために講義及びワークショップを実施してもらった。

①進路先の方からのアドバイス（希望している職種の方や大学の先生の話）
②少し先の人生を歩んでいる先輩からのアドバイス（18～22歳の大学生の話）
③学校の教員からのアドバイス（当時を振り返っての話）
④退職した方々からのアドバイス（半世紀を振り返っての話）
⑤本校卒業生からのアドバイス（現在の仕事内容等）
⑥起業家からのアドバイス（高校・大学から起業家（社長）になるための話）

遠方の方や、時間が合わない方、また様々な事情で登校が難しいという生徒のために、メタバースを活用した。メタバースであれば、生徒も自宅からメタバースに入り、登壇者に質問したり、友達と相談したりすることができる。詳細は下記ＱＲコードよりご覧いただきたい。

20

実践事例②

SDGsについて学ぶ

カードゲーム「2030SDGs」の活用

【実践の目標】

カードゲームを通して世界の社会構造を理解し、SDGsの17の目標をより深く知ることで、それを達成するためにはどうしたらよいか思考することができる。

【実践協力者】

カードゲーム「2030SDGs」公認ファシリテーター

【実践に必要なもの】

カードゲーム「2030SDGs」、ホワイトボード、長机

【実践内容】

SDGsをより身近に、より自分事にするためにカードゲームを導入する。このカードゲームをするためには、公認ファシリテーターが必要になるため、先にファシリテーターの方に依頼をしておく。カードは市販されているものではないので、

ファシリテーターの方に持参してもらうことになる。

ファシリテーターによるカードゲームの説明や指示に従いながら、ゲームを進めていく。カードの種類はいくつかあり、各チームには、チームの目標となるカードが一枚配布される。チームは、その目標に向かってゲームを進めていくわけであるが、各チームによってその目標は異なる。

例えば、「お金が一番大切」という価値観のカードをもったチームもいれば、「時間がゆったりたっぷりあるのが幸せだ」「貧困をこの世からなくしたい」という価値観のカードを受け取ったチームもあり、与えられる目標は様々である。その価値観をもったチームが、その目標を達成するために、プロジェクトをこなしていき、世界を形成していく。プロジェクトを達成するためには条件があり、他チームやファシリテーターとのカードのやり取りが必要になる。

その後、世界の様子が、ホワイトボードに磁石を貼ることで可視化され、それを見ながら自分のチームの方向性や全体の調和を考えてゲームを進めていく。

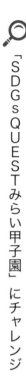

「SDGsQUESTみらい甲子園」にチャレンジ

【実践の目標】

全国の高校生たちの実践を知り、それぞれがチームを組み、主体的にSDGsを探究し、様々なアクションアイデアを創出・発表することができるようになること。また、プレゼン資料を効果的に作成し、プレゼンを工夫する力を養う。

【実践協力者】

本校国語科・社会科・情報科教員

【実践に使用したもの】

スライド作成ができる端末

【実践内容】

国語の授業で、SDGsに関する評論を読み、自分たちが解決したい課題を考え、プレゼンする。同時期に社会科でもSDGsの内容に触れる単元を実施してもらい、最終的には、「SDGsQUESTみらい甲子園」に応募する流れとした。

スライドのフォーマットは決まっており、それに沿ってプレゼン資料を作成することになる。情報科の教員の協力により、プレゼン資料の作成の仕方を学び、スライド作成時間を確保することや、ＰＣ室での作業も可能になった。

スライドの内容は次のとおりである。（２０２４年度）

①　探究テーマとそれを選んだ理由
②　「ＳＤＧｓアクション」アイデアと「目標」
③　「ＳＤＧｓアクション」を広める方法
④　「ＳＤＧｓアクション」が広がるとどう変わるのか
⑤　探究学習を通じての心の変容

作成したプレゼン資料は、国語の授業で発表し、その発表内容に対してフィードバックを行う。その後、そのフィードバックをもとに修正したものを、「ＳＤＧｓＱＵＥＳＴみらい甲子園」に提出する。全てのチームに参加証が配布され、一次審査で優秀だったチームは、次のプレゼン動画審査に進むことになっている。本校の場合は、２年間継続して取り組んでいるが、昨年度一年生チームがファイナリストに選出された。ファイナルセレモニーでは各代表チームと交流がある。

21

実践事例③

企業等が提供する教材の活用

建設会社の教材で課題解決の方法を学ぶ

【実践の目標】

過去に課題解決された事例を知ることで、自分の課題解決にも応用できるようにする。

【実践協力者】

鹿島建設株式会社

【実践に使用したもの】

「未来の社会を考える探究型プログラム　100年を創造するチカラ　基礎編」

【実践内容】

鹿島建設が作成した教材を活用し、課題の解決方法を学ぶ。実際に鹿島建設が解決した事例をもとに、様々な手法を活用し考える力をつけていく。教材は、課題の設定からはじまり、情報収集、整理・分析、まとめ・表現の順で学べるようになっている。なお、この教材は、探究教育支援活動が評価され、経済産業省キャリア教育アワード大賞を受賞しているものである。高校生の視点に立ち、探究の入門として非常に活用しやすい内容・構成になっている。

実際の内容は次のとおりである。

〈導入〉「100年」をキーワードに考える
〈課題の設定〉女川まちづくりプロジェクト
〈情報収集〉東京駅丸の内駅舎　保存・復原プロジェクト
〈整理・分析〉姫路城大天守　保存修理プロジェクト
〈まとめ・表現〉羽田空港Ｄ滑走路建設プロジェクト
〈まとめ〉わたしたちは、未来とどのようにかかわっていくべきか?

全てのプロジェクトに動画がついていて、生徒も実際のプロジェクトを確認しながら、探究のプロセスを学べるようになっている。イメージマップやXチャート、ＰＤＣＡサイクル、ＫＪ法等の手法も盛り込まれ、生徒の理解が深まるような工夫が施されている。

万博の教材で未来について考える

【実践の目標】

「いのち輝く未来社会」とは何かについて自分なりの答えを探究し、日本開催である大阪万博を通じて、新たなアイデアを創造・発信する担い手となることを目指す。

【実践協力者】

大阪府

【実践に必要なもの】

大阪府「高校生向けＥＸＰＯ教育プログラム」

【実践内容】

大阪府が提供している教材を用いて探究活動を実施する。万博の歴史やテーマについてクイズ等を交えて楽しく解説してくれる動画教材をはじめ、その動画教材に沿ったワークシートもついている。教員用の指導手引書やルーブリックまで提供してくれているので、万博についてあまり知識がなくても、実施することができる。

教材の内容は次のとおりである。

①　プラスチックごみから環境問題を考えよう
②　健康な生活が続く未来
③　昆虫食?!　持続可能な未来の食とは？
④　日本の文化を未来に紡ぐためには？
⑤　メタバースでこんなことも変わるかも？
⑥　誰もが生き生きと輝けるためには？

本校では、時間の関係もあり、①③⑤のみ実施した。この三つを選んだ理由は、①は、国語の授業で同内容の評論を読んだことがあるため、③は、ちょうど給食で昆虫食が提供されたニュースが話題になっていたため、⑤は、本校がメタバースを活用しているためである。
①の課題に取り組んだ際には、生徒から「プラスチックを食べるロボット等をつくる」「持続可能なプラスチック製品の開発」等の意見が出て、どのようにすればこの問題が解決するのか、自分事として捉え、考えていた。

お菓子メーカーの教材で商品開発を体験する

【実践の目標】

身近な企業が取り組んでいる課題やその手法を疑似体験させてもらうことによって、自らの課題の発見につなげ、課題解決に生かすことができる。

【実践協力者】

某菓子メーカー、株式会社ＢＹＤ

【実践に必要なもの】

中高生向け探究学習　アントレプレナーシップ教育プログラム

【実践内容】

某菓子メーカーが提供している教材を用い、株式会社ＢＹＤを通して探究活動を実施する。そのメーカーは、生徒たちにもなじみのある会社であり、ほとんどの生徒が、その商品を見たり、買ったりしているのが現状である。その中で、お菓子がどのようにして商品化されているのかを知り、「新しいお菓子」をグループで考え、発表する内容のものである（現在はトライアル中である）。

食品飲料メーカーの教材でサステナビリティを学ぶ

【実践の目標】

身近な企業が取り組んでいる課題やその手法を疑似体験させてもらうことによって、自らの課題の発見につなげ、課題解決に生かすことができる。

【実践協力者】

ネスレ日本株式会社

【実践に必要なもの】

「ネスレ　サステナビリティ　プログラム」

【実践内容】

生徒たちにも身近な存在であるネスレが提供している教材を用いて探究活動を実施する。学習内容は、①プラスチックゴミを減らそう②コーヒー農家を支援しよう③新たな産業をつくろう、という順番で全体で学習した後に、個人で課題を考え、深堀りし、誰とそのプロジェクトを実施していくのか考える。そして、近いテーマで課題設定をした生徒たちでグループになり、まとめ、発表していくという流れである。

22

実践事例④

他者との交流を通じて深く学ぶ

国内外の同世代と交流する

【実践の目標】

国内外の同世代の他者と交流することで、ダイバーシティを意識し、協働する。海外の方と触れ合い、自分自身を振り返ることで、今後の進路選択の幅を広げることができる。自身を取り巻く社会の中で、長期視点をもつＳＤＧｓを意識し、自分なりの考えや意識をもって社会貢献できることを目指す。

【実践協力者】

ＪＩＣＡ、東武トップツアーズ株式会社、埼玉県立図書館、朝霞市立図書館、朝霞市役所、学生医療支援ＮＧＯ ＧＲＡＰＨＩＳ、国際日本文化学園（カンボジア）、県内公立高校

【実践に使用したもの】

プロジェクタ、マイク、パソコン、クロームブック、Ｚｏｏｍ、カンボジアに関する書籍、朝霞浪漫（市勢要覧）、ＳＤＧｓ

ワークシート

【実践内容】

ＪＩＣＡ（独立行政法人 国際協力機構）の方を招き、カンボジアの国際日本文化学園とオンラインを繋ぎ、国際交流を実施した。事前に関係各所から集めた百冊ものカンボジアに関する書籍で事前学習を行い、カンボジアではどのような課題があるのか、ＳＤＧｓの17の目標をもとに考える授業を行った。当初、私たちがカンボジアに対してできることは「寄付すること」といったどこか他人事のような回答が多かったが、実際に交流をしていく中で、カンボジアの課題を自分事として捉えるようになった生徒が増えた。

さらに、旅行会社の方に入ってもらい、「実際にカンボジアに行くためにはどのような方法があるか」という題材で、グループごとに旅行計画を立てる学習を実施した。リアルタイムで現地の生徒と話ができたので、ガイドブックに載っていないオススメスポット等を聞きながら作成することができた。カンボジアに医療支援をしているＮＧＯ ＧＲＡＰＨＩＳの大学生からも話を聞き、効果的に学習することができた。

なお、本校では保護者の方にも授業参観していただけるよう、各テーブルにクロームブックを置いて授業の様子を参観できるようにした。授業後は、労働による支援や他の支援方法を模索するようになったのが大きな成果であると実感した。

海外の現状にも目を向ける

【実践の目的】

日本では、ＳＤＧｓがどれくらい達成できているのか、また、世界はどれくらいＳＤＧｓについて関心があるか等を知る。前回カンボジアの授業実施後、実際にカンボジアを訪れた大学生の話を聞くことで、学習の継続性や持続性をはかり、常に日本だけでなく海外にも目を向ける意識をもつ。

【実践協力者】

ＪＩＣＡ、学生医療支援ＮＧＯ ＧＲＡＰＨＩＳ

【実践に必要なもの】

ワークシート、筆記用具

【実践内容】

ＪＩＣＡの方にＳＤＧｓの概略に触れてもらい、世界のＳＤＧｓの取組や、日本では、どのような取組をしているのかを学んだ。また、現在の達成度や、今後の見通し等を聞きながら、「自分だったら何ができるか」という問いについて考えた。

また、前回カンボジアとリアルタイムで国際交流を実施したが、その後カンボジアはどのような変化をしているのか、また現在の課題はどういったものなのかを、実際現地に訪れたＧＲＡＰＨＩＳの大学生から体験談を伺った。大学生によれば、カンボジアでは障害をもつということに対して、前世に何か悪事を行ったからだという思想があり、現在でもそう考えられているとのことであった。

それを聞いた生徒は、「日本とは異なる考え方でびっくりした」「ＳＤＧｓの取組状況を具体的な数字で聞けて良かった」等、普段意識していない学びが新鮮だったようだ。

このような形で学習していく中で、生徒から障害についてさらに深く学びたいとの申し出があり、改めて、障害について学ぶ機会を設けることにした。生徒の変容にともなって柔軟にカリキュラムを更新できた好事例である。

障害について考える

【実践の目的・目指すべきゴール】

日本ではどのように障害が認知されているのか、また、どのような方がいて、どのように社会と関わっているのかを知る。

【実践協力者】

かんばらけんたさん、ＤＡＩＫＩさん

【実践に必要なもの】

パフォーマンスができる環境、音響等の設備

【実践内容及び成果】

生徒の申し出から生まれた「探究×人権教育」のコラボ授業。人権教育担当の教員と内容をすり合わせ、実際に障害をもった方に来校してもらい、講義やパフォーマンスを実施してもらった。まずは、かんばらけんたさんのダンスパフォーマンスがあり、その後、日常生活で困っていること等を教えていただいた。ＤＡＩＫＩさんからは、自身の人生について具体的にお話を聞かせてもらった。

お二方とも、非常に気さくで生徒の質問にも丁寧に答えてくれたのが印象的であった。生徒たちからは、「障害があるなか前向きに生きていることだけでなく、考え方や生き方が何よりも素敵だと感じた」「車椅子ダンスというものを今日初めて知り、かんばらさんのダンスを見てとても感動しました」等、初めての経験ということもあり、印象深かった

様子である。

このように、総合的な探究の時間に行っていることが、各教科や学校行事とつながることで、更に効果的・体系的に生徒が学習できることを肌で感じる事ができた。生徒たちも、同じものを見るにしても、その見方が変われば内容も変わってくるということを学んだようである。

巻末付録

巻末付録
探究のテーマ例

探究のテーマ例について

ここでは、探究のテーマ例を集めてみました。テーマ設定の参考にしてみてください。

★個人的に興味のあるテーマ

・ディズニーランドを無駄な時間を使わず遊び倒すには何が必要か
・SNSを活用して、高校生でも社会人並みに稼ぐにはどうしたら良いか
・幽霊や妖怪は、どこからきてどこへ向かうのか
・割れないシャボン玉を作るための黄金比を探す
・恐竜はなぜ絶滅し、本当にこの世に存在していないのか
・犬や猫をペットとして飼った際、人間に与える影響は何か
・海の青さや透明度は、どのようにして決まるのか
・暗号資産（仮想通貨）が銀行に与えた影響とその後の未来はど

うなるのか

・家庭環境と可処分時間の関係性

・地球外生命体は実在するのか、また接触時の対応はどのようにしたらよいか

・紙飛行機で最長記録を更新するために必要な要素は何か

・音楽やファッションの流行に規則性は存在するのか

★人間に関わるテーマ

・体の部位の中で、比較的足が臭う人が多いのはなぜか

・ゴキブリに対して嫌悪感を抱く人が多いのはなぜか

・なぜ嫌なことを後回しにしてしまう人が多いのか

・ゲーム脳、スマホ脳、ポップコーン脳になりやすい人の特徴とは

・身長が高い人と身長が低い人とでは、人生の幸福度が異なるか

・運がいい人と運が悪い人は、先天的なものなのか

・部屋にゴミを溜めこみ、片づけられない人の特徴とは

・しゃっくりを止める方法の中で、一番効果的な方法は何か

・朝苦労なく起きられる人と、そうでない人の違いはどこにあるのか

・人はなぜ占いやおみくじを信じてしまうのか
・コールドシャワーや筋トレが与える人体への影響とは
・スマートフォンの普及により、人間が失った能力とは何か
・人が嘘をつくときにしてしまう仕草は矯正できるのか

★学校に関わるテーマ
・校則はどのように改訂されるのか〜時代に合わせた校則を目指して〜
・体育祭で一番早く走る技術とその習得方法とは
・音楽を聴きながら勉強することは本当に非効率なのか
・義務教育ではないのに、なぜ大半の人が高校に進学するのか
・一日6時間授業はいつから始まり、どのように発生したのか
・部活動というシステムは、日本以外でも存在するのか
・「きりつ、きをつけ、れい」は、全国の学校で実施されているのか
・いじめをこの世から無くすには、何が必要か〜いじめの原因を探る〜
・「古典」を学ぶ意義はあるのか、その費用対効果を探究する
・クラウドファンディングを用いて、学校の施設を充実させることは可能なのか

・男女別学校によるメリット・デメリットを考察する
・記憶の定着に効果がある食べ物、生活習慣、勉強法にはどのようなものがあるか
・日本の学校教育が他国よりも優れていることは何か

★地域社会に関わるテーマ

・「じゃんけん」を活用したチーム分けの声かけは、地域によってどのように異なるのか
・方言が人に与える影響にはどのようなものがあるか？
・地域によって「ちょっと」が10分程度の場合と一時間以上の場合があるのはなぜか
・駅前の違法駐輪を止めるためには何が一番効果的か
・地域の人口減少を食い止めるために一番必要なサービスとは何か
・ＡＩを活用した地域活性化を目指していくために必要なことは何か
・不法投棄が行われる場所・時間・モノについて考え、地域内の不法投棄をやめさせる
・過去と現在の地域の変遷を調べ、地域力の変化を探る
・地域産業の後継者不足を解消するための手立てを考える
・若者と高齢者のどちらも気持ちよく住める街づくりとは
・地域振興券に変わる地域通貨発行による経済的効果とは

・地域が困っている課題が一番集まる場所はどこか〜共に解決策を考える〜
・地域とともにある学校づくりをするためには何をしたらよいか

★日本に関わるテーマ
・少子高齢化の現状を確認し、実現可能な解決策を考える
・日本人の長時間労働はどのようにしたら解決できるか
・同調圧力から脱却する方法を探究する
・なぜ日本人は、あいまいな表現方法を好んで使用するのか
・日本食（和食）が世界に受け入れられたのはなぜか
・地震大国である日本の地震被害を最小限にする方法とは
・なぜ日本では、ジェンダー問題が根強く残っているのか
・日本の子どもの自己肯定を高めるにはどうしたらよいか
・日本が「ビニール袋有料化」を実施した背景及びその効果はどうか
・どうして日本には「宗教」を意識している人が少ないのか
・日本在住の外国人が住みやすい日本をつくるにはどうしたらよいか
・日本の安心安全な水資源を海外に輸出するためにはどうしたらよいか

・日本人が「国産」にこだわる理由はどういったところにあるか

★世界に関わるテーマ

・気候変動を食い止めるためには、各国にどのような取組が必要か
・なぜ戦争は繰り返し起こってしまうのか
・飢餓問題が起きる原因とその解決策は何か
・人身売買は現在も行われているのか〜その原因と対策を考える〜
・地球温暖化の現在と未来について考え、水没してしまう国を救え
・海洋プラスチック問題の被害とその解決方法で効果的なのは何か
・各国のウィルビーングを調査し、共通項を見つける
・世界に対して日本に優位性がある事柄は何か〜日本から世界へ〜
・先進国が発展途上国にできること、発展途上国から学ぶこと
・各国の絶滅危惧種に対しての取組の違いはあるか
・高校の教育方法の違いを調べ、どの国の教育が一番効果的か考察する
・なぜ世界の人たちは、日本を観光地として選ぶのか
・世界から見て日本人の勤勉さや時間を守るというイメージはまだ残っているか

★ＳＤＧｓに関わるテーマ（目標別）

・目標１　世界の貧困率と、各国の貧困の背景は何か
・目標２　国によって食料が余っている所と足りない所があるのはなぜか
・目標３　健康な体を手に入れ、長生きする方法とは～日本をモデルケースとして～
・目標４　オンライン教育の普及によって教育の質を高めるためにはどうしたらよいか
・目標５　多様な性を受け入れていくために必要なことは何か
・目標６　衛生的なトイレを世界に提供するために日本がすべきことは何か
・目標７　二酸化炭素をエネルギーに変え、循環できる工夫を考える
・目標８　人生１００年時代に考える万国共通の仕事の働きがいとは何か
・目標９　ＡＩを用いた技術革新による幸福度の向上
・目標10　国境や人種の壁による不平等が起きるのはなぜか
・目標11　人・金・モノが効率よく循環できるシステムとは何か
・目標12　モノづくりのサイクルが持続可能になるようにするには
・目標13　気候変動が起きた際にできる対応とは

・目標14　海洋生物が今一番困っていることは何かその解決策とは
・目標15　陸上生物が今一番困っていることは何かその解決策とは
・目標16　互いの正義を認め合う平和な社会とは
・目標17　ＳＤＧｓの目標を各国が達成するために必要なこととは

★その他のテーマ

・消滅言語が他言語・多文化に与える影響は
・貧富の格差の影響を受けるのは、どの分野が多いか
・パンデミックの事前の対応及び今後の対応はどうすればよいか
・日本が世界に貢献できる技術や資源にはどのようなものがあるか
・なぜ国境や人種があり、それによる区別や差別が行われるのか
・世界各国、どの人間にとっても普遍的な価値は存在するのか
・自然災害を食い止めるため、自然をコントロールすることは可能なのか
・高校生が世界に訴えかけるには、どのメディアが一番効果的か
・高校生がＳＤＧｓに貢献したい場合、何をすることが一番効果的なのか

巻末付録
探究に効果的なツール

探究の時間に活用できる効果的なツールについて

ここでは、今まで私が総合的な探究の時間に活用してきたツールをご紹介します。探究では、課題の設定からまとめまでのサイクルがありますが、そのサイクルを回すために効果的なツールがたくさんあります。実際に使ってみて、他校でも活用しやすそうだというものをまとめてみましたので、ぜひご活用ください。

なお、「このような情報はどこで手に入れているの？」という質問をよくいただきます。ＳＮＳグループによる教員仲間から情報を得たり、教育フォーラム等に足を運んで情報を集めたりしています。その一部をここでご紹介いたします。

ＥＤＩＸ（教育総合展）　https://www.edix-expo.jp/
未来の先生フォーラム　https://mirai-sensei.org/
日本教育情報化振興会　https://www.japet.or.jp/

●ジャパンナレッジSchool

ジャパンナレッジSchoolは、生徒の学習に役立つ辞書、事典、参考書、新書、統計資料など、千冊以上ものコンテンツがオンライン上で検索・閲覧できるサービスです。また、提供されているものは全て、根拠のある信頼できる情報となっています。つまり、ジャパンナレッジSchool内で集めた情報であれば、「この情報の一次資料はどこにあるだろう」「この情報の真偽はどうか」などを確かめる手間が省けます。

また、GoogleやMicrosoftのアカウントをもっていれば、そのアカウントを認証するだけでログインが可能になります。生徒が持っている端末に、サイトのショートカットをおいておけば、いつでもどこでも、気になった時にすぐに使用できるのもメリットの一つです。

さらに、探究の時間に限らず、各教科でも非常に便利に活用できます。私は、国語科の教員ですので、語句の意味調べはもちろんのこと、新書等の読書指導にも活用しています。社会科では統計資料等を用いた授業も展開しています。

●メタバース

昨今、「メタバース」という言葉が、教育業界でも聞こえてくるようになりました。メタバースは、「仮想空間」という意味であり、その空間内で様々な活動を行うことができます。遠方にいる方（国内・国外問わず）と、アバター（空間内の自分の分身）で話すことができたり、会社を作って会議や商談もできたりします。メタバースで学校を作って運用しているところもあるようです。

本校では、メタバースで授業や講演会を行っています。メタバースの良いところは、いつでもどこからでもアクセスできる点や、顔を見せることなく話ができる点にあります。様々な事情をもった生徒の中には、「学校に通えなくなってしまったが授業は受けたい」という生徒もいます。そんな時に、メタバースが活用できるでしょう。実践事例について詳しくは、118〜119ページをご覧ください。

ちなみに、本校で活用させていただいたメタバースは、「MetaLife」です。25名まで無料の点や、2Dのドット絵が生徒や教員にもゲーム感覚で親しみやすいと考えたからです。

●ロイロノート・スクール

探究のサイクルを進めていき、最後のまとめや発表をする際どのように実施しているでしょうか。模造紙で発表させるところもあれば、スライド資料で発表させているところもあるでしょう。本書でも触れましたが、発表の仕方は、あまり制限をかけず、「どの発表方法が効果的か？」ということについても、生徒に考えさせるとよいです。

発表の一つのツールとして「ロイロノート・スクール」があります。

ロイロノート・スクールは、直感的に操作できるところがメリットであり、テキストや写真、動画等がカードとなり、線でそのカード同士を繋いでいけば、すぐにプレゼン資料ができ上がります。何か特別にダウンロードして、編集するというような手間が省けます。

また、発表資料を作る際に、「あのデータ、どこに保管していたかわからなくなってしまった！」なんてこともあるでしょう。全ての情報をロイロノート・スクールに入れておくことで、情報収集したものをすぐにプレゼン資料として使うこともでき、効果的です。これも、探究の時間だけでなく、各教科で提出物を出させたいとき、生徒の回答を全員で確認したいとき等効果を発揮しますので、ぜひ、様々な場面で活用してみてください。

●未来の教室（ＳＴＥＡＭライブラリー）

経済産業省が管轄している「未来の教室」というサイトです。ここでは、ＳＴＥＡＭ教育（Science、Technology、Engineering、Arts、Mathematics の頭文字を取ったもの）のコンテンツがあり、様々な領域のことを学習することができます。テーマや対象となる学年で検索できるなど、学びたい学習内容にすぐにアクセスできます。またＳＤＧｓの17の目標も意識しており、テーマごとに検索することが可能です。

探究の課題を設定する際に、「何が課題なのかわからない」「自分がどういったものに興味があるのかもわからない」という生徒も少なくないと思います。そんなときには、このサイト内にあるコンテンツを自由に視聴してもらい、どんなコンテンツにアクセスしているかを問うことで、一緒に課題の設定に向かうことができます。

またサイト内には、実証事業の内容や、教員向けの情報等もあるので、授業研究や情報収集としても活用できると思います。

探究だけで活用するのはもったいないサイトなので、各教科・特別活動等でも利用するとよいと思います。

●NHK for School

学校で使用する動画教材の定番と言ってもよいかもしれません。ＮＨＫが提供している動画教材です。動画の内容は各教科に及んでいます。また、高校だけなく、中学校や小学校の動画教材も提供されています。分野によっては、中学校や小学校に遡って学習することもあるでしょう。そのような学び直しにも効果を発揮します。

探究での活用の仕方としては、課題の設定の部分や、情報収集をする部分で活用できます。また、ほとんどの動画はコンパクトにまとめられているため、どのように整理されているのか、またどのように表現しているのかも学習することができます。探究のサイクルの全てにおいて参考になることでしょう。

サイトのトップページに番組一覧表もありますし、キーワード検索をすることもできます。先生向けコンテンツもありますので、表示を「ＯＮ」にし、動画を視聴しながら教材研究も可能です。

教科書から動画コンテンツを探すこともできますので、活用の幅がとても広がると思います。（※現在のところ教科書から探すことができるのは、小・中学校のみ）

●今後、活用したいと考えているツール

・Inspire High（多様なプロの人たちのインタビューが視聴できるプログラム）

Inspire High の教材は、今年度経済産業省の「働き方改革支援補助金２０２４」にも採択され、学校に無償導入できることになりました。イントロダクションから始まり、専門家の方のインタビュー動画を視聴した上で、出題されたお題に対して生徒自身が考え、アウトプットするという流れです。補助教材としても楽しく学習できそうです。

・note（文章などの記事を発信できるサービス）

note は、文章や画像、音声、動画を投稿して、ユーザーがそのコンテンツを楽しんで応援できるメディアプラットフォームです。探究で学んだことの発信や、同じテーマで活動している仲間とつながるツールとして非常に効果的なのではないかと考えています。学校に note pro を無償提供する学校支援プログラムもあります。

・EdvPath（生徒の非認知能力を可視化するサービス）

EdvPath は、テストでは測れない非認知能力の成長のサポートをしてくれます。探究との相性も良く、クラウド上で生徒一人ひとりの情報をまとめることができそうです。

【参考文献】

・『「探究」を探究する　本気で取り組む高校の探究活動』　田村 学、廣瀬志保編著　学事出版
・『高等学校 探究授業の創り方　教科・科目別授業モデルの提案』　田中博之編著　学事出版
・『高校教員のための探究学習入門　問いから始める7つのステップ』　佐藤浩章編著　ナカニシヤ出版
・『「探究」する学びをつくる：社会とつながるプロジェクト型学習』　藤原さと編著　平凡社
・『現場発！　高校「総合探究」ワークを始めよう』　佐藤 功編著　学事出版
・『探究的な学びデザイン　高等学校　総合的な探究の時間から教科横断まで』　酒井淳平著　明治図書
・『はじめての高校探究』　稲井達也著　東洋館出版社
・『高等学校「探究的な学習」実践カリキュラム・マネジメント―導入のための実践事例23―』　稲井達也編著　学事出版
・『高校生のための「探究」学習図鑑 田村 学監修、廣瀬志保編著　学事出版

おわりに

読者の皆様へ

ここまでお読みいただき、心より感謝申し上げます。本書は、先生方の「探究についてどのように進めたらよいかわからない」という声から生まれたものです。先生によっては「内容が簡単すぎた」「もっと手法を紹介して欲しかった」等々のご意見があるかもしれませんが、そのような中でも何か一つでも参考になるものがあれば幸いです。

私は、本校に赴任して初めて「探究委員長」になり、右も左もわからず手探りで、探究を進めていきました。当初は、その不安な気持ちや、この進め方でよいのだろうかという疑問と常に戦っていたと思います。私と同じような感情を抱く先生方は、きっと一人・二人ではないはずです。そのような先生方にお読みいただければ幸いです。

また、本書に書かれていることが、全て正解とは限りません。様々な学校の実情がある中で、「総合的な探究の時間」に向き合われていると思います。予算の問題や時間の問題、施設の問題や教材の問題……。考えればたくさん挙げられます。全く同じ学校は存在しませんので、本書の中で書かれていることを参考にしつつ、学校の実情に合わせて、カスタマイズしていただけたら幸いです。探究についての書籍については、様々な良書が出版されています。本書の巻末にも参考文献として挙げさせていただきました。様々な方の、様々な学校での取組を見て、勤務校の探究の時間を充実させていってください。

産学官連携の重要性

よく「産学官の連携が大事だ」と言われますが、私も探究の活動を通じて強くそう思いました（「産」とは企業や法人、「学」とは研究・教育機関、「官」とは国や地方自治体のこと）。この連携を密にすることで、より良い教育が推進でき、それがより良い社会を作っていくのだと感じました。学校だけでは、実施することが難しい事柄であっても、各企業や地方自治体と協力することで、予算であったり、教材であったり、様々な部分で助けてもらうことができます。

例えば、本校で言えば、埼玉県教育委員会の「越境×探究！　未来共創プロジェクト」

や、学際的な学び推進事業「学・ＳＡＩＴＡＭＡプロジェクト」に参加させていただいたことで、教員同士のつながりはもちろんのこと、各企業や法人の方々とも一緒になって、探究を進めることができました。また、県内の他校の先生方や、役所・公立図書館の方々にも大変お世話になりました。

また、本校は定時制の課程ということもあり、授業時間がどうしても講演者（協力者）の方の勤務時間外になってしまう場合がほとんどでした。そんな中、本校の教育活動のために快諾してくださった皆様には感謝しかありません、本当にありがとうございました。

感謝の意を込めまして、これまでにお世話になった方々のお名前をご紹介させていただきます（順不同・肩書きは当時）。

小学校教員兼株式会社 weclip 教育アドバイザー　西田　雅史さん

ＪＩＣＡ（独立行政法人国際協力機構）矢田部　建佑さん

東武トップツアーズ株式会社　難波　克治さん・増渕　直樹さん

株式会社ＢｅＣｏｍｅ代表取締役　関　真志さん

一般社団法人e-donuts代表理事　藤原　彪人さん
ディレクトフォース・授業支援の会・会員　根塚　眞太郎さん
埼玉大学大学院理工学研究科　高橋　賢信さん
株式会社Relic代表取締役CEO　北嶋　貴朗さん
都留文科大学教授　野中　潤さん
「2030SDGs」カードゲーム　公認ファシリテーター　伊原　洋輔さん
株式会社ほぼ日　サノトモキさん
学生医療支援NGO　GRAPHISの皆さま
お菓子メーカー　金澤　直樹さん
株式会社BYD　講師　川島　史奈さん・青木　万宙さん
AXEREAL株式会社　車椅子ダンサー　かんばらけんたさん
SOCIAL WORKEERZ代表　ダンサー　DAIKIさん

これらの方々以外にもたくさんの方にご協力いただきました。この場をお借りして、お礼申し上げます。

結局最後は人である

「はじめに」でも書かせていただきましたが、生成ＡＩの台頭が著しく、本書を執筆するのもＡＩでよいのではないかと考えた時もありました。しかしながら、いざ執筆してみると、その時の熱量や当時感じた生徒の思い、そしてそれに携わっていた私自身の気持ち等は、決してＡＩでは代弁できないと感じました。今回、様々なご事情がある中で、本校の教育活動に関わってくださったのは、教育に対する人の「想い」があったからではないかと感じております。人と人とのつながりが縁となり、また年月を越えて再びコラボするなんてことも経験させていただきました。例えば、協力者が高校の先輩だったり、数年前に異なる仕事でご一緒した方だったり、点と点が結び合う体験がたくさんありました。生徒のために「探究」に取り組んでいたつもりでしたが、私自身も自分を知るための「探究者」になっていたような気がします。

最後に

当たり前ではありますが、本校の生徒を一番間近で見て、支援してくれているのは本校教職員の皆さんです。本校の生徒たちが、このような活動ができたのも、本校の校長・教頭をはじめ、事務の皆さん、教員の皆さんに他なりません。特に、わがままな私の取組に対して、「やりましょう」と気持ちよく共に運営してくれた探究委員の先生方には、感謝してもしきれません。

また、本書を作成するにあたり、学事出版の皆さまには大変お世話になりました。特に編集者の戸田幸子さんには、私の様々な事情を汲んでくださり、根気強く編集作業を進めていただきました。戸田さんがいらっしゃらなかったら、この本はきっと世に出ていないと思います。本当にありがとうございました。

本書が、他の教育者の方々や、他校の教育活動にほんの少しでも役に立つことがあれば、これほど嬉しいことはありません。

２０２４年５月　浅見和寿

●著者プロフィール

浅見和寿（あさみ・かずとし）

埼玉県立高校に勤務して14年目。進学校、工業高校、教育委員会を経て現在は朝霞高等学校定時制に勤務。専門は国語で、現任校で初めて探究主任となり3年目。ICTや特別活動、外部連携にも力を入れている。

単著に『ゼロから始めてここまでできる！公立高校でのICT教育実践 プロジェクターや動画を活用した授業』（翔泳社）『Z世代の生徒とつくるはじめての部活動』（明治図書出版）、共著に『漢文の知識ゼロでも、桃太郎のマンガで共通テストまでの力がしっかり身につく』（旺文社）、『高校文化祭の教育論』（学事出版）等がある。

※本書に掲載されている二次元コードの情報は、予告なく変更・終了することがあります。ご了承ください。

生徒《せいと》とはじめる高校探究《こうこうたんきゅう》

2024年7月20日　初版第1刷発行

著　者　浅見和寿
発行者　鈴木宣昭
発行所　学事出版株式会社
〒101-0051　東京都千代田区神田神保町1-2-5
電話　03-3518-9655（代表）　https://www.gakuji.co. jp

編集担当　戸田幸子　装丁　亀井研二　装画　小幡彩貴
本文イラスト　松永えりか
組版・印刷・製本　精文堂印刷株式会社

本書の全部または一部を無断で複写（コピー）することは、著作権法上での例外を除いて禁じられています。

落丁・乱丁本はお取替えします。

© Kazutoshi Asami, 2024 Printed in Japan

ISBN978-4-7619-3007-3 C3037